量价关系

透视股票涨跌脉络

陈凯
（诸葛就是不亮）
/
著

中信出版集团｜北京

图书在版编目（CIP）数据

量价关系：透视股票涨跌脉络 / 陈凯著 . -- 北京：中信出版社，2024.10（2024.12重印）
ISBN 978-7-5217-6868-8

Ⅰ . F830.91

中国国家版本馆 CIP 数据核字第 2024JJ2679 号

量价关系——透视股票涨跌脉络
著　者：　陈凯（诸葛就是不亮）
出版发行：中信出版集团股份有限公司
　　　　　（北京市朝阳区东三环北路 27 号嘉铭中心　邮编　100020）
承印者：　三河市中晟雅豪印务有限公司

开本：880mm×1230mm 1/32　　印张：10.25　　字数：226 千字
版次：2024 年 10 月第 1 版　　印次：2024 年 12 月第 6 次印刷
书号：ISBN 978-7-5217-6868-8
定价：68.00 元

版权所有·侵权必究
如有印刷、装订问题，本公司负责调换。
服务热线：400-600-8099
投稿邮箱：author@citicpub.com

目 录

自 序 动态推演，做好应对 / VII

第一章
量与价的基本概念

我们通常把成交量与成交价之间的关系，称为量价关系。在技术分析中，量价关系具有极高的重要性。而在深入探讨量价关系之前，首先要厘清量价关系中的基本概念。

第一节 体现成交量的基本图形及概念 / 003
第二节 衡量成交量的指标 / 018
第三节 量价关系入门 / 031
第四节 问答收录 / 042

第二章
量与价的关系

这一章从量与价的三种关系入手,讲解量价关系背后的原理。量与价的关系有三种,分别是量价配合、量价背离和量价震荡。

第一节 量价配合 / 047

第二节 量价背离 / 056

第三节 量价关系的定量分析 / 072

第四节 利用量价关系寻找切入时机 / 074

第五节 问答收录 / 077

第三章
量价配合在趋势判断中的运用

这一章将聚焦量价配合,着重讲解量价配合在趋势交易中的运用。

第一节 什么是趋势 / 083

第二节 趋势的形成过程 / 091

第三节 问答收录 / 114

第四章
量价背离在翻转交易中的运用

这一章，我们转换一下视角，看看量价背离在翻转交易中的运用。

第一节　量价背离的两个层次　/ 121

第二节　量价背离的运用　/ 127

第三节　典型顶底形态中的量价分析　/ 138

第四节　翻转交易中的核心要素　/ 145

第五节　问答收录　/ 147

第五章
趋势交易量价关系运用要点

在这一章介绍一些适合参与趋势运动的典型 K 线图以及这些图形中的量价关系。掌握了这些 K 线图的量价关系之后，同时把第三章和第四章的内容整合在一起，再来参与趋势运动，就会显得游刃有余。

第一节　寻找趋势中的停顿　/ 155

第二节　寻找趋势的开始　/ 166

第三节　常见K线组合　/ 176

第六章
衍生品交易中的量价关系

这一章把视野拓展到衍生品市场。衍生品市场与股票市场是完全不同的。比如衍生品市场中的持仓量、开平仓、交易对手,这些概念在股票市场中都是没有的。接下来就从这些概念开始,逐步了解衍生品交易中的量价关系。

第一节　衍生品交易的基本概念　/ 185
第二节　衍生品成交量的两个维度　/ 189
第三节　商品期货的"养""套""杀"　/ 200
第四节　衍生品量价关系的典型案例　/ 205
第五节　本章小结　/ 212

第七章
量价关系在量化模型中的应用

这一章是对前面内容的整合,综合讲解如何运用量价关系来构建量化交易模型。

第一节　交易中的三个基本问题　/ 217
第二节　量价关系在量化交易中的应用　/ 234
第三节　构建量化交易模型的基本框架　/ 238
第四节　问答收录　/ 245

第八章
量价关系背后的交易原理

大家要想更深层次理解量价关系、理解波动交易，想在交易之路上走得更远，那就要深入到量价关系的背后，理解量价关系背后的交易原理。这一章将从更加贴近博弈的角度来审视量价关系背后的交易原理。

第一节　概率和赔率、损失和补偿　/ 251
第二节　把量价关系作为一种共振要素　/ 261
第三节　交易的路上要多交流、分享　/ 265

附　录

附录一　MACD和MACD背离　/ 271
附录二　KD　/ 279
附录三　典型图形收录　/ 287
附录四　技术指标分类目录　/ 309

自 序

动态推演，做好应对

很多朋友学习了许多技术分析方法，但这些方法在交易中运用起来效果不佳，甚至适得其反。这是为什么？

在回答这个问题之前，我们先来思考一下，技术分析到底是在分析什么。

技术分析是通过技术图形来框定大概率盈利的场景。

现在，你打开任意一个品种的技术图形，都会看到两组图形：一是反映价格波动的K线图或者分时图，二是反映成交量起伏的柱状图。价格波动与成交量起伏之间的勾稽关系，也就形成了量价关系。也就是说，技术分析实际上是在框定一些可以大概率实现盈利的量价关系场景。

回到我们最初的问题。你问："量价关系我学过，也用过，可为什么效果不好？"原因有两点。其一，你在分析量价关系的时候过于注重静态，不注重量价关系的动态推演。其二，你没有把量价关系融合进你的交易体系，或者说，你缺少一个包含量价关系的交易体系。

先分析第一种情形。什么是静态的量价关系？举个例子，一只股票地量地价运行一段时间后突然放量，如果你把这种突然放量作为价格上涨的信号，甚至作为切入的信号，那你的分析就是静态的，像背量价关系的公式。为什么？因为即便是突然放量上涨，第二天仍然有可能回调。那回调多少能接受、多少不能接受，是放量回调更好还是缩量回调更好，什么时候切入盈利的概率更大，在什么价格切入性价比更高，什么时候应该认错止损，要不要叠加其他技术指标来辅助判断，这些问题都是要仔细思考的。没有考虑清楚这些的量价分析就是静态的、无效的、适得其反的。

什么是动态推演量价关系？我再来举个例子。比如价格涨了一波，调整一下，第二波上涨是一边缩量一边涨的，这就是典型的量价背离了。这时量价背离一定值得做空吗？未必。为什么？因为这时候价格还在涨，迎头去做空，在概率上显然不好。这时候要等，等涨势慢慢消耗。等涨势停止了，价格开始打横盘了，可以做空吗？还是不能。原因也很简单：缩量上涨之后价格开始打横盘，横一段时间之后，既可以往上突破，重新展开量价配合的上涨趋势，也可以向下突破，形成下跌趋势。所以，横盘的时候做空显然成功的概率也不高。怎么办？还要等。等价格向下突破的时候空进去。所以，动态推演量价关系就是一边观察图形，一边思考未来的各种可能性，并且为各种可能性设置好观察点、贴好路标，沿着路标一步一步找到大概率盈利的场景。找到这个大概率盈利的量价关系场景，切入进去，随后继续推演图形，设置路标，做好应对。所以，分析量价关系概括起来就是八个字——"动态推演，做好应对"。

接下来分析第二种情形。

量价关系应该怎么用？一定要跟你的交易体系融合在一起。比如隔夜短线交易，如果你是一个趋势交易者，该怎么做这种短线交易呢？概括来说可以分两步：第一步是识别趋势，第二步是找到一个合适的切入时机。那什么是趋势呢？在一段K线图上，高点上升，低点上升，这就是上升趋势；高点下降，低点下降，这就是下降趋势；高点和高点之间、低点和低点之间没有明确的关系，那就是没有趋势。在识别到趋势之后，就能直接切入到这个趋势中了吗？当然不能，因为不知道这个趋势会不会持续，能持续多久，后面盈利的幅度有多大。这个时候，量价关系就派上用场了。量在放大、价在震荡，就意味着原来的趋势可能要停一停，要进行休整了。为什么？原因其实很简单：量放大说明买的人更热情了。市场参与者拿着钱高高兴兴往里冲，可是价格为什么不涨呢？因为卖的人也更凶了。买的人使劲往上买，卖的人使劲往下卖，价格开始震荡，原来顺畅的上涨趋势也就停下了。涨势停下一定会转跌吗？不一定。买的人使劲买，卖的人使劲卖，两边像是在打架，在分出胜负之前，很难说趋势一定会往哪个方向走。怎么办？继续等。如果成交量缩下来了，价格还在横着，这是好现象。横着横着，价格向上突破，突破的时候还放量，这更是好现象，新的上涨趋势大概率就要开始了。你要是能在向上放量突破的一瞬间切入，那就非常理想了。在这个瞬间切入，概率是好的，同时也没有过分追高，赔率也不差。如果能做到这一点，长此以往，短线交易很难不赚钱。而如果价格震荡一段时间，一放量就跌下去了，那么原来的趋势也就不能做了。耐心地去等放量向上突破的瞬间，这就是我常说的"晚表态"。"晚表态"要晚得恰到好处。表态太晚，反应太慢，价格追得高了，赔率差；表态不够晚，反应过激，成功率不足，概率差。那要多"晚"才算恰到好处？在这里，量价关系就是"晚表态"的路标。

做翻转交易，通常也离不开量价关系。翻转交易说到底就是抄底摸顶。你要是做翻转交易，一定希望买在底部区间，卖在顶部区间。那顶底怎么定义，如何描述顶底的特征？这仍然要在量价关系上寻找出路。举个例子，如果是翻转做多，这时候价格是缩量下跌的，能买吗？当然不能。缩量下跌是量价背离中的一种情形。这种情形有可能会放巨量见底，也有可能一直维持缩量阴跌的状态，还有可能会在放量杀跌之后再继续缩量阴跌。所以，如果你在缩量下跌的时候做多，那么最多只有 1/3 的概率成功。这样的概率显然是不足的。这也就是说，当前的量价关系告诉我们，现在不是翻转做多的好时机。什么时候才是好时机？举个例子，头肩底的右肩走出来，成交放量股价突破颈线，这里放量快速突破颈线的瞬间就是个翻转切入的好时机。或者 W 底的第二个低点走出来的时候伴随着量价背离，这个低点能不能切入呢？如果是偏长线的翻转交易，要有基本面的印证，当天晚上恰好看到业绩翻转，第二天分时图上小幅高开，放量往上冲，这也是切入的好时机。如果是指数日内翻转交易，这里恰好看到权重板块反身向上，那么这里也是一个非常好的切入位置。然而不光是切入，顶底形态上也有考究。同样是高价高换手的收敛图，第一个放量阳线多，第二个放量阴线多，哪个更容易往下突破？从概率上讲，第二个更容易往下突破。这就是全方位地把量价关系融入交易体系。

你如果是一个长线交易者，该怎么把量价关系融合进交易体系？长线交易一定是以基本面为主的。我曾经说过一句话，"守单如守寡"。一笔成功的长线交易，过程是非常波折、非常难熬的。很多人熬不过这个曲折的过程。长线股选得不错，成本也不差，就是中间的涨涨跌跌熬不过，半途而废，应该怎么克服？有一个好的开头，即做好切入很重要。同样是赚取100%的利润率，别人是买进去就有利润，而你是先浮亏20%，然后再慢慢出利润，虽然结果相同，但过程中的感受是完全不同的：买入后先亏20%，也许临近回本的时候就想着解套跑路了；买入后先赚7%，持仓就更有信心，也就更容易坚持下来。进一步来讲，做长线交易要不要加仓，要不要上杠杆？不管是加仓还是上杠杆，都是有很多学问的。加仓也好，上杠杆也好，首先一定是在有利润的前提下，否则不能加仓，更不能上杠杆；其次，加仓和上杠杆都是在额外增加风险，时机很重要。你一定希望加仓之后，能够立竿见影地看到利润扩大。上杠杆更是如此。金融衍生品还好，在股票上加杠杆有融资费用，长期杠杆意味着高额融资费用。所以杠杆用起来更讲究效率，最理想的莫过于加上杠杆就盈利，一波涨幅走完就把杠杆撤掉。这种加仓或者上杠杆的方式，更接近短线交易。要实现这种效果，仍然离不开量价关系。

如果你是一个套利交易者，量价关系应该怎么用？量价关系可以帮你提高成功率。举个例子，假设你想做螺矿比[①]套利，比价跑到了4.1，你预期钢厂的利润会增加，要做吗？单纯看比价，那么现在一定已经进入射程了。比价会继续往下走吗？其实谁也不知道。如果看铁矿石的图形，趋势还在上行，量价关系配合得非常好，就应该等一等。如果这时候在铁矿石的图形上，量价关系已经呈现出明显的头部特征，那么切入进去，成功率自然也就更高。再进一步，你不但看到了明显的头部特征，还看到放量向下破位，并且恰好在向下破位的时候切进去，那么你的成功率就进一步提高了。

对于长线交易和套利交易来说，量价关系是一个额外的共振。这里"额外的共振"怎么理解？量价关系在长线交易和套利交易中，不是唯一需要关注的因素，也不是最重要的因素，但如果把量价关系放进交易体系中，可以把交易做得更好，起到事半功倍的效果，这就是"额外的共振"的含义。

你看，量价关系的运用还是离不开"动态推演，做好应对"。只是这里的"应对"要融入交易体系，用量价关系来为你

[①] 铁矿石是生产螺纹钢的主要原料，其成本占螺纹钢生产成本的比例非常高，两者的价格走势高度相关。——编者注

的交易贴路标。沿着这些路标一步一步看，耐住性子等。开仓的路标出现，那就开仓；加仓的路标出现，那就加仓；减仓的路标出现，那就减仓；平仓的路标出现，那就平仓。这就是"按图施工"。

上面说的这些都是实践应用中的只言片语，而本书中的各个章节对量价关系理论和应用做了更为系统、更为详细的阐释。书中的原理和应用，绝大多数来自我的理论思考、实战检验以及经验总结。这些思考、检验和总结，有些来自过往的成功经历，也有些来自过往的失败经历。我把过往积累的思考和经验总结下来，慢慢地就形成一套完善的量价分析体系。这套量价分析体系，我自己用起来得心应手。带学生的时候，我把这套体系讲给大家，跟学生们讲原理、举例子，也解答学生们的问题，一边讲一边观察学生们的反馈，一边打磨。看到学生们逐渐有所进步，从磕磕碰碰走向稳定盈利，我也很欣慰。不知不觉之间，带的学生多了，讲的时间久了，打磨的过程多了，慢慢地也就形成了这本书。

交易是一条孤独的路，也许一开始同行者很多，走着走着，有人掉队，有人走弯路，同路人越来越少。能一起走在交易这条路上，还能相互分享交易心得，互通有无，确实是非常难得的缘分。你赚钱的时候教教他，你亏钱的时候他安慰安慰你，大家相互鼓励、相互帮助，交易的路上做个伴，大家就不容易掉队。认认真真，踏踏实实，对自己诚实，不跟市场抬杠，多总结、多改正，就不容易走弯路。不掉队，不走弯路，就容易在交易的路上越走越远、越走越高。交易的世界很宽广，我能从这条路上走出来，你也能从这条路上走出来。交易的世界很丰富，除了股票，还有很多品种值得下功夫。交易的世界里没有秘诀，有的是辩证的思考、严密的逻辑、细致的应对。我相信，如果你是做交易的老手，一定能在这本书里得到启发，有所收获。如果你是新手，也许这本书对你有难度，但不要担心学不会，也不要担心没有精力学。二十多年前曾有人告诉我，一个交易员可以白天交易A股，晚上交易美股，同时还能盯着商品、期指。那时候我觉得这不可能，简直是吹牛。而到了今天，我觉得这并没有多了不起，十几年前我也已经做到了。量价关系并不高深，也不难学。除了读懂书本上的知识和经验，也要对着具体的图形去看、去思考、去总结。学交易也好，做交易也好，其实并不神秘，也不难，唯手熟尔。

最后，谨以本书献给有志于以交易为生的朋友们。

第一章

量与价的基本概念

我们通常把成交量与成交价之间的关系，称为量价关系。在技术分析中，量价关系具有极高的重要性。而在深入探讨量价关系之前，我们首先要厘清量价关系中的基本概念。

第一节 体现成交量的基本图形及概念

在股市中，我们是通过一些特定的图形来确认成交量的，其中包括K线图、分时图及与这两种图相关的概念。下面，我们通过一个简单的例图来讲述一下成交量在图形上的具体表现。

一、K线图

所谓K线图，就是通过标记开盘价、收盘价、最高价、最低价这四个价位以及这四个价位之间的关系，形成一个柱体图形，再通过连续显示长期的柱体图形形成一幅类似柱状图的图形组合。请看图1-1-1，这是一幅个股K线图。

最早的时候，这种图形也叫蜡烛图，是日本人用来记录米价波动的。作为一种非常方便的价格波动记录方式，蜡烛图在现在的行情软件里面被广泛采用以记录股票价格的波动。

图1-1-2即为柱状图,这个柱状图实际上是在描述成交量。我们可以看到柱状图中的柱体有高有低,分别对应成交量的大小。

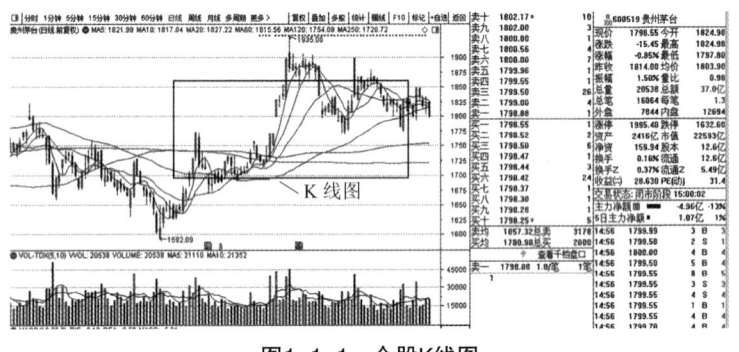

图1-1-1　个股K线图

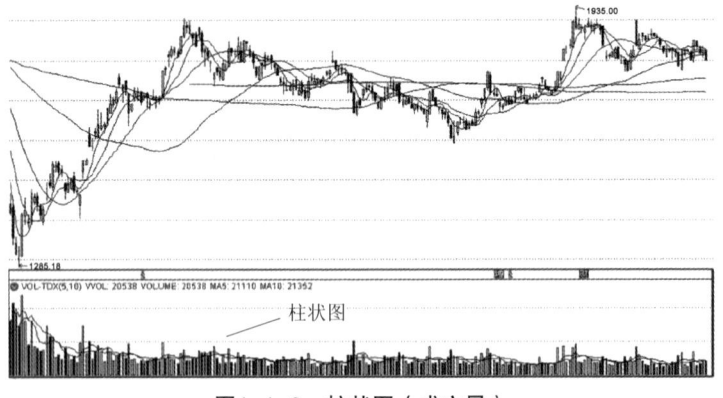

图1-1-2　柱状图(成交量)

通常,在行情软件上,我们在K线图上双击鼠标,屏幕上会出现十字光标,把这个十字光标放到具体某一根K线上的时候,也可以看到当日的具体成交量的一些情况。比如,图1-1-3显示的是 2023 年 9 月 28 日，成交量是 20538 手，成交额是 37.0 亿元。这是通过两种完全不同的维度来描述当日成交情况。

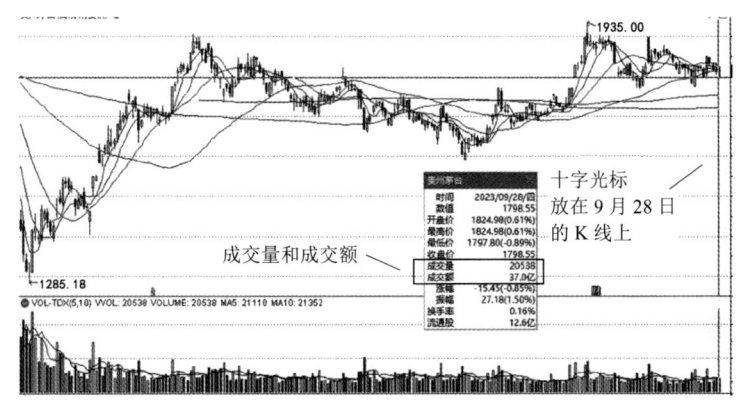

图1-1-3　成交量和成交额

其中，成交量描述的是成交的股份数量，20538 对应 20538 手[①]，也就是 2053800 股。

而成交额对应的是交易的金额，交易的金额相当于每笔成交的数量乘对应的成交价格，再把这些乘积加和的结果。图 1-1-3 中显示的成交额就是 37.0 亿元。

行情软件中，在 K 线图右侧上半部分（图 1-1-4）也可以看到具体的成交量和成交额。比如右上角会显示总额为 37.0 亿元，总量为 20538 手。在描述这些成交数量的时候，行情软件还会再用另外一个更细致的指标来区分一下。我们看到这里显

---

① "手"是证券市场的最低交易单位，每个市场的规定不一样，上交所和深交所的规定是 1 手 =100 股。——编者注

示"外盘"和"内盘",由此又引出外盘和内盘的概念。所谓外盘就是以卖价成交,内盘就是以买价成交。

图1-1-4 总量和内外盘

在下面这张图中(图1-1-5),右上角的部分可以看到从卖一一直到卖十的卖出委托和买一到买十的买入委托。

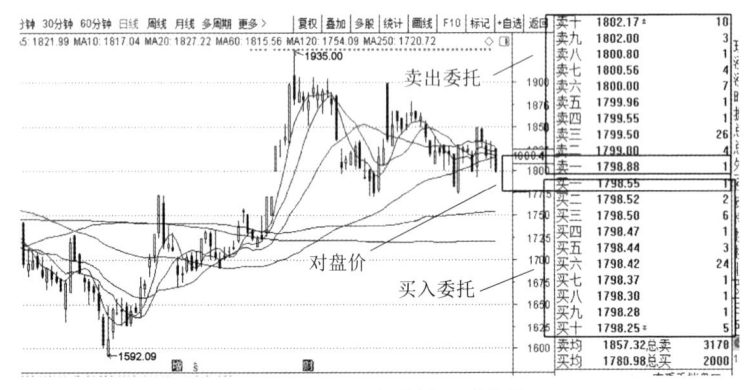

图1-1-5 买卖委托、对盘价

我们观察对盘价的内容，可以看到对盘价实际上就包括两个要素，一个要素是委托价格，另一个要素是委托数量（单位是手）。在图 1-1-5 中，我们现在看到的对盘价是 1798.55 元对 1798.88 元。所谓对盘价，就是买一价和卖一价，这就相当于买卖双方最贴近的出价，且买卖双方都没有成交。就图 1-1-5 来说，买方出价最贴近卖方出价且没有成交的价格，是 1798.55 元；卖方出价最贴近买方出价且也没成交的价格，是 1798.88 元。

上面提到，上边是卖方出价，下边是买方出价，凡是主动以上边的卖方出价成交的，统统计入外盘；凡是主动以下边的买方出价成交的，统统计入内盘。

我们可以想象一下，什么情况下才会以卖价成交，那必然是主动向上买的委托去触发成交。因此外盘在大多数行情中显示的都是以红颜色为主，比如在下边的分时成交明细里（图 1-1-6），我们看到最后一笔 1798 点，在右边的分时成交明细里，比如在 14：56，有一笔委托是 1799.58 元，向上 13 手，它为什么在行情软件上显示红色呢？红色意味着当时 1799.58 元这个价位是在卖盘上面的，因此它是以卖价成交的，就被记录在外盘上，这已经把成交量的概念从原先的总成交进一步细化到了分笔成交上。

讲到这里，我们已经对成交量有了一个基本认识。成交量既包括成交金额，也包括成交数量，同时成交数量又分为外盘和内盘。大多数收费行情软件里都会把分笔成交明细依次

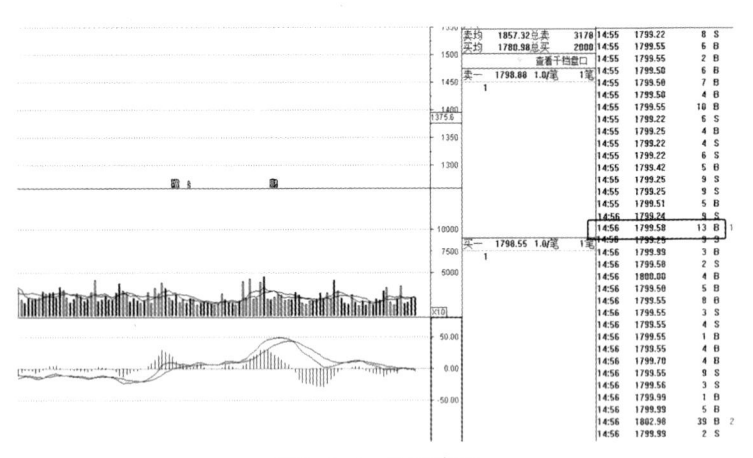

图1-1-6 分时成交

累加，最终得到外盘数据和内盘数据。

我们可以延伸着想一下，如果外盘的数量比内盘的数量要多，那说明什么？说明主动向上买入的成交大于主动向下卖出的成交，这也意味着买的力量更强一些，通常情况下涨的概率就会更大一点，反之也是一样的。就像图1-1-7示意的那样，内盘的数量是12694手，而外盘的数量只有7844手，这就意味着当天主动向下卖出成交的数量要超过向上买入成交的数量，所以当天股价是下跌的，跌了0.85%。跌0.85%并不算多，这只是通常的情形，会不会有异常？

一定会有异常。

可能出现的异常是外盘的量很大，但股价却是下跌的。

我们可以想一想发生了什么。外盘的量很大意味着主动向上购买的力量很强，都是以卖价成交的，但是价格又在下跌，

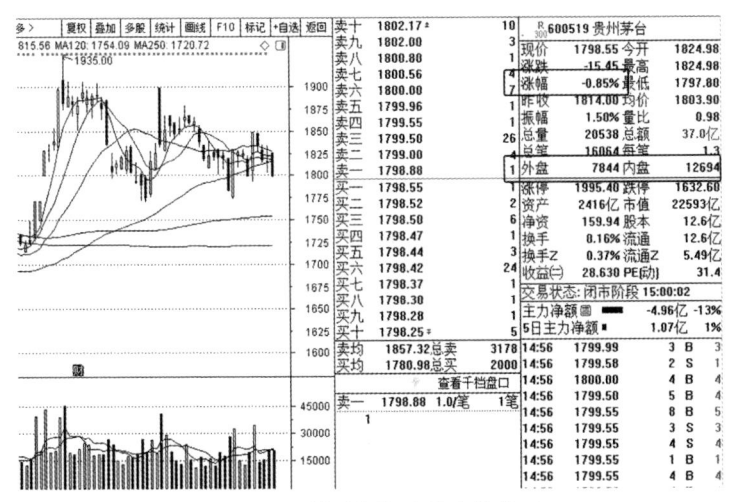

图1-1-7 涨跌幅与内外盘的关系

说明价格是一点一点被压下来的，而不是主动向下砸下来的。所谓一点一点被压下来，就是原先我挂1800元，过了一会儿，因为以1800元挂的卖单很多，所以没有人敢买，没有成交，慢慢地卖一价就变成了1798元。这个时候我再把以1800元挂的卖单撤掉，重新以1799元挂卖单。而凡是想往上买的，可能都会以1799元成交，行情软件会把这些成交记为红色的外盘。如果此时，主动向下卖出的人不多，但是上面压单的人多，就会导致外盘的数量很大，但是股价是下跌的。

也有可能出现另外一种情形，就是内盘的数量很大，但是股价是上涨的。这里要分成两种情况：一种是压单下跌，另一种是垫单上涨。

这两种情况，实际上就归类为所谓的量价背离的范围。我们在后文会再讲到这一点。以上是图 1-1-7 中关于成交数量与成交价格之间的关系。

二、分时图

图 1-1-8 就是一张分时图，分时图右侧的部分跟 K 线图右侧的部分是一样的，也包含买卖委托、内外盘、成交数量、成交金额、逐笔明细等信息。

图1-1-8　分时图

但是在主页面的图形上面，我们看到了一些不一样的要素。先来看最上面的主体结构，这根黑色粗线叫分时图线，是由每一分的最新交易价连贯而成，用来描述整个当天价格波动的情况（图 1-1-9）。

图1-1-9 分时线

在分时图这根黑色粗线的附近还会有一黑色细线,这根黑色细线叫分时均线(图1-1-10)。分时均线是由某一个时刻总体的成交金额除以在这个时刻的全部成交数量计算而来的。注意这里的全部成交数量是从开盘到目前,而不仅仅是这一分钟的成交数量。所以分时图的均价跟分时均线会有一些关系,这是我们后期判断量价关系的一个非常重要的维度。

这里我们可以对此先有一个最基本的概念。在分时图的下面还有一个柱状图(图1-1-11),这个柱状图描述的就是成交数量(单位是手)。注意,成交数量是以分钟为单位进行划分的。也就是说,从9:30开盘,每分钟成交多少手,按时间依次排列。

比如在9:59至10:00这一分钟内,成交数量是比较大的,从而这根柱线就会更高一些,而在其他成交量较小的时间点上,

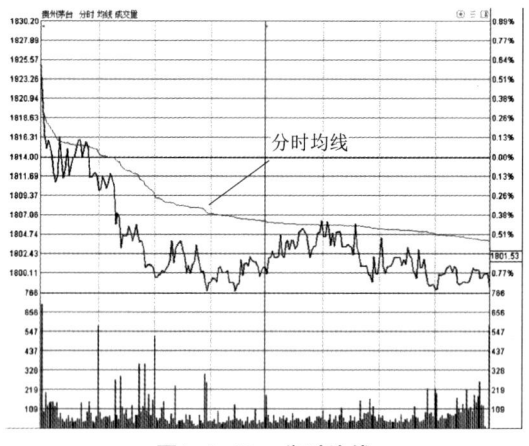

图1-1-10 分时均线

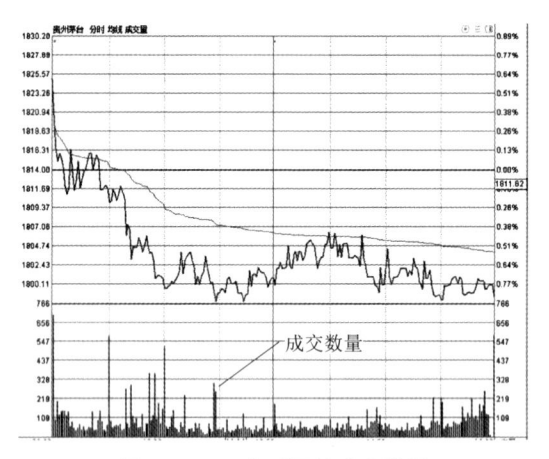

图1-1-11 分时图的成交数量

柱线的高度就要矮一些。同时成交量的柱状图在行情软件中又有两个不同颜色：绿色和红色。为什么分为绿色和红色？这是根据这一分钟的收盘价相较于上一分钟的涨跌而区分的。换句话讲，这一分钟的收盘价比上一分钟的收盘价下跌了，那代表这一分钟的柱线就是绿色，反之则是红色。这是在分时图中我们看到的一些量价信号。这种量价信号也体现出个股在当天每时每刻成交量变化和价格波动之间的关系。

要查看分时图上的成交金额，就跟前面提到的在K线图上查看成交金额一样，切换为十字光标，并把十字光标悬停在对应时间点上就可以了。

在成交量柱线的右侧，我们还看到了一个委托队列。图1-1-12里面标出来的就是委托队列。

图1-1-12 委托队列

上交所跟深交所对于委托队列的显示是不同的。

上交所只会把买一和卖一的委托队列显示出来，那么我们可以看到在1798.55元的买价上，委托数量就是0.9手，0.9手应该是有部分成交了，正常情况下报不出0.9手的买入委托。[①] 在一些行情软件中，这样的委托队列显示方式被称为"经典委托队列"（简称"经典"）。

深交所是把全部的委托队列显示出来，这种显示方式被称为"全息委托队列"（简称"全息"）。同时，深交所也可以显示经典委托队列。两种不同的显示方式可以互相切换。

在这种情形下，我们可以看到具体的买一卖一上的委托数量。这其实既是委托数量，也是成交数量。因此，委托队列也在量价关系的范围内。

这里就会引入一个新问题：什么时候用成交数量，什么时候用成交金额？

简单来讲，成交金额跟成交数量揭示的是一回事，无非是哪一个用起来更直观。我们在衡量今天的成交活跃不活跃时，通常只会用成交金额，金额越大往往预示着成交越活跃。为什么这个时候不用成交数量？因为这里还涉及价格波动的问题。也许价格已经跌了一半，而成交金额可能并没有比之前的少，因此实际成交数量要达到原来的约两倍。之所以有些时候我们更关注成交金额，是因为在这些场合成交金额更为直观。

但还有一些场合我们更关注成交数量。比如观察单只个股

[①] 不同行情软件显示精度略有不同，有的会显示为1手，有的会显示为0.9手。

时，关注成交数量可能在某些时候要比成交金额更科学。

为了更方便地通过成交数量来衡量成交活跃度，我们也发明了或者说创造了一些指标，最典型的就是换手率。所谓换手率有两种：一种是用当天的成交数量除以总股本，这在行情软件中就被称为"换手率"；另一种是用当天的成交数量除以流通股本，这在行情软件中被称为"实际换手率"。两种换手率只是分母不同，并没有实质上的区别。

对于单只个股来讲，换手率意味着什么？意味着当天有多少比例的股份进行过买卖交易。可想而知，这个数值越高意味着这只个股当天的交易越活跃。

一般而言，通过换手率，我们把一只个股的成交活跃度分为以下几档：换手率低于1%，成交非常不活跃；换手率在1%~2%，成交活跃度普通或者说成交仍旧不活跃；换手率在2%~5%，成交已经活跃；换手率在5%~7%，成交非常活跃；换手率在7%以上，成交异常活跃。

上面的分档是总体上的结论，对应不同的个股，其成交活跃与否的标准也是不尽相同的。对有些个股而言，5%的换手率可能已经异常活跃了；但对有些个股而言，10%的换手率可能都是常态。因此，在面对不同个股时，还要针对具体情况再做细分。

换手率会显示在行情软件中的成交概况里（图1-1-13）。

我们可以看几只不同个股的换手率。如图1-1-14所示，这是一只非常不活跃的个股。类似于这样的个股，它的换手率当天是非常低的。我们看到上面显示是0.16%，也就是说万

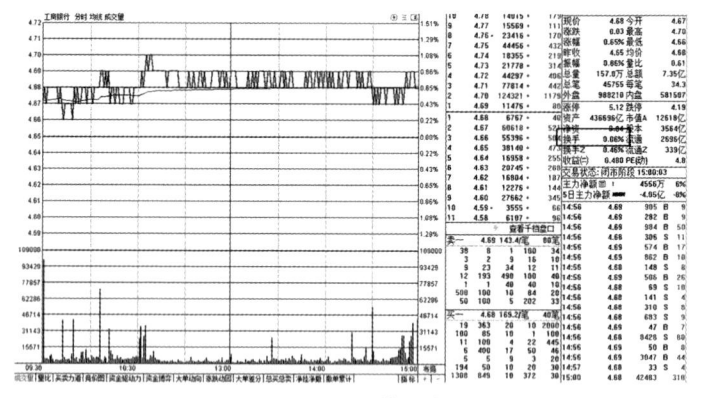

图1-1-13 换手率

分之十六的换手率,这是一只成交非常不活跃的个股。

图1-1-14 低换手率,成交非常不活跃

那么对于活跃的个股来讲,如图1-1-15所示,这只个股的换手率超过了50%。为什么?因为它是新股。新股上市,很多人中签了之后是要卖出的。相应地,也会有一些投机的投资者在新股上市当天参与交易,从而导致它的换手率偏高。

现价	65.57		今开	69.90											
涨跌	-4.41		最高	75.39											
涨幅	-6.30%		最低	64.99											
昨收	69.98		均价	67.91											
振幅	14.86%		量比	0.00											
总量	93741		总额	6.37亿											
总笔	35779		每笔	2.6											
外盘	41606		内盘	52135											
涨停	-		跌停	-											
资产	9.61亿		市值	54.1亿											
净资	21.12		股本	8248万											
换手	51.66%		流通	1815万											
换手Z	51.66%		流通Z	1815万											
收益(一)	0.660		PE(动)	49.8											

图1-1-15 高换手率，成交非常活跃

以上是两个非常极端的例子。

通常来讲，我们在行情软件上可以看到换手率的具体数据。

我们按照换手率对所有个股进行排序（图1-1-16），可以看到，换手率最高的达到77.50%，这样的成交活跃度与图1-1-14的情形天差地别。

	代码	名称	涨幅%	现价	强弱㎞	涨跌	买价	卖价	总量	现额	换手%	今开	最高	最低	昨收	市盈(动)	总金额	量比
1	301558	N三连	158.5	18.95	-0.25	11.62	18.95	18.96	862049	3281	77.50	20.20	21.50	18.88	7.33	91.73	17.4亿	0.00
2	001282	三联锻造	-8.90	36.90	-0.07	-3.64	36.89	36.90	102412	1940	65.59	36.49	38.58	36.49	40.54	44.85	6.7亿	1.73
3	301520	C万邦德	-14.75	75.02	-0.80	-12.98	75.02	75.08	93271	1722	59.01	82.78	83.38	74.68	88.00	46.46	7.2亿	0.00
4	603200	南方路机	-5.95	27.18	-0.29	-1.72	27.18	27.30	147571	1675	54.45	28.00	20.39	26.27	28.90	23.05	4.0亿	6.83
5	300823	建科机械	2.79	26.53	0.53	0.73	26.53	26.56	286583	2015	52.35	27.88	30.97	26.11	25.81	57.77	8.0亿	5.49
6	301225	恒勃股份	19.99	40.57	0.00	6.76	40.57	-	122316	68	51.74	33.89	40.57	33.89	33.81	40.34	4.8亿	2.37
7	300780	德恒精工	-7.43	31.66	-1.33	-2.54	31.66	31.65	533288	17432	51.67	36.00	36.96	30.78	34.20	148.55	17.7亿	1.56
8	688719	N爱科	-6.30	65.57	0.29	-4.41	65.57	65.58	93741	578	51.66	69.90	75.39	64.99	69.98	49.77	6.37亿	0.00
9	301261	恒工精密	6.94	49.49	0.00	3.21	49.49	49.49	96800	1304	49.40	46.91	49.50	46.30	46.28	47.37	4.7亿	1.92
10	002828	贝肯能源	9.97	12.58	0.00	1.14	12.58	-	921939	682	47.76	12.58	11.00	11.44	68.44	11.2亿	2.32
11	001298	好上好	10.01	29.02	0.00	2.64	-	155300	46	44.65	27.52	29.02	27.52	26.38	26.38	113.47	4.4亿	3.29
12	301550	斯菱股份	2.26	44.57	0.02	1.03	44.57	44.53	115670	1603	44.35	46.27	49.88	43.62	45.54	38.91	5.4亿	1.06
13	603042	华脉科技	-7.40	16.26	0.05	-1.46	16.26	18.26	700169	6893	43.60	17.75	19.50	17.01	17.57	12.6亿	1.54
14	301191	菲菱科思	15.01	135.68	1.03	17.73	135.68	135.90	93918	1209	43.09	119.73	135.88	118.15	118.15	52.95	11.9亿	1.18
15	002642	荣联科技	10.00	10.85	0.00	0.99	-	229.0万	1559	37.86	9.76	10.85	9.76	9.86	665.07	23.3亿	1.10
16	301251	威力高	0.80	49.07	-0.11	0.39	49.06	49.07	120645	2542	37.80	43.97	49.77	48.68	54.07	5.90	7.2亿	1.10
17	300045	华力创造	10.04	26.95	0.94	2.54	26.95	183.7万	19394	37.27	24.95	28.50	23.05	24.40	-	48.0亿	1.31
18	605588	冠石科技	10.00	62.92	0.00	5.72	62.92	-	82760	39	35.83	57.81	62.92	56.50	57.20	78.57	5.0亿	0.86
19	002892	科力尔	2.21	14.57	0.21	0.31	14.57	14.58	959300	4295	34.82	13.21	15.18	13.21	14.41	92.63	13.5亿	1.58
20	301139	元道通信	14.38	39.69	0.43	4.99	39.69	39.70	235687	1215	34.67	34.61	41.64	35.18	34.70	61.12	7.2亿	1.98
21	002406	远东传动	-10.04	7.26	-0.04	-0.81	-	7.62	170.7万	4004	34.40	8.08	8.12	7.22	8.07	33.51	12.3亿	1.53
22	301509	金凯生科	-7.54	86.57	-0.02	-7.19	86.97	86.99	65571	1189	32.14	93.92	94.18	86.63	94.16	33.43	5.4亿	0.86
23	301500	飞南资源	-3.55	25.30	0.00	-0.93	25.31	111.7万	3211	31.27	25.81	26.20	25.23	26.23	41.80	8.0亿	0.63
24	002898	赛隆药业	-0.53	13.24	-0.44	-0.07	13.21	311893	2923	30.80	14.00	14.22	12.80	13.31	390.00	4.0亿	7.67
25	002864	盘龙药业	4.71	40.01	-0.04	1.81	40.02	198123	903	30.65	37.45	41.66	37.05	38.21	35.74	3.7亿	3.55
26	301381	赛维时代	-5.59	35.15	-0.01	-2.08	35.15	35.10	96042	1400	30.58	36.11	37.00	34.86	37.23	46.77	2.7亿	2.19
27	832978	N开特	0.00	7.37	0.14	0.00	7.37	7.38	262457	4857	30.11	7.44	7.82	7.22	7.37	18.21	1.9亿	0.00
28	002559	亚威股份	2.89	9.25	0.00	0.26	9.25	7.29	141.8万	17460	29.52	8.85	9.51	8.89	37.65	15.7亿	1.48
29	002902	铭普光磁	7.37	29.00	0.42	1.99	28.99	29.00	439860	2597	27.18	29.00	26.69	27.01	339.50	12.4亿	1.00

图1-1-16 换手率排序

换手率往往意味着当天股份交换的比例。因为 A 股市场是 T+1 的交易制度，当天买入的个股在当天是不能卖出的，所以一天的换手率最大是 100%。通常来讲，如果一只个股三天的换手率之和超过 100%，也就是说三天全部换手一遍，意味着这只个股是异常活跃的。只有在炒作氛围特别浓郁的标的上才能够看到这种情形。

在当前的市场环境里，大概只有新股才能有这么高的换手率。我们可以进一步思考一下，当一只个股的换手率很高，那它长期来看是一定跑不赢市场的。道理很简单，长期的高换手率必然带来巨额的手续费，也就是说，这只个股在交易过程中产生了极高的冲击成本，能量消耗非常严重，因此股价向上的概率其实不太大。

第二节　衡量成交量的指标

这一节将主要围绕衡量成交量指标的概念展开。

一、委比、委差

在分时图右侧的显示窗口中，还可以看到另外几个跟成交量相关的指标：一是委比，二是委差，三是量比（图 1-2-1）。

要说清楚什么是委比，就要先说什么是委差。用所有买入的委托量减去所有卖出的委托量，就得到委差。

交易状态		休市	盘口	资金	基本	指数	明细	逐笔
委比	-22.74%	委差	-1178	最新	1798.55	均价	1803.90	
总卖量		1857.32	3178	涨幅	-0.85%	涨跌	▼15.45	
卖十		1802.17	10	总手	20538	金额	37.05亿	
卖九		1802.00	3	换手	0.16%	量比	0.98	
卖八		1800.80	1	最高	1824.98	最低	1797.80	
卖七		1800.56	4	今开	1824.98	昨收	1814.00	
卖六		1800.00	7	涨停	1995.40	跌停	1632.60	
卖五		1799.96	1	外盘	7860	内盘	12678	
卖四		1799.55	1	净资产	159.94	ROE	16.70%	
卖三		1799.50	26	收益(二)	28.642	PE(动)*	31.4	
卖二		1799.00	4	总股本	12.56亿	总值	2.26万亿	
卖一		1798.88	1	流通股	12.56亿	流值	2.26万亿	
	38%	62%						
买一		1798.55	1	个股异动	仅看当前个股		设	
买二		1798.52	2	14:59:58	世纪鼎利	顶级买单		
买三		1798.50	6	14:59:58	德恩精工	顶级卖单		
买四		1798.47	1	14:59:58	德恩精工	机构卖单		
买五		1798.44	3	14:59:59	常山药业	顶级卖单		
买六		1798.42	24	14:59:59	国联水产	顶级卖单		
买七		1798.37	1					
买八		1798.30	1	15:00:00	1798.55		1	
买九		1798.28	1	272	1798.55		1	
买十		1798.25	5					
总买量		1780.98	2000					

图1-2-1 委比、委差、量比

所谓委差，直观地说，就是委托数量的差。这里的委托数量，是当天某一时刻全部的委托数量，还是当天这一时刻显示在买卖委托挂单上的委托数量呢？这要看你用的行情软件。像前文各张例图，我们用的是 Level 2 行情软件，该软件会用当天这一时刻的全部委托来计算委差，下文我们统一按照 Level 2 行情软件来讲解。

比如，在图 1-2-1 中，我们看到委差是 -1178 手。这个数据是怎么来的？同样还是看图 1-2-1，可以发现，委差就是用总的买入委托量 2000 手，减去总的卖出委托量 3178 手，得到 -1178 手。一般而言，在行情软件中，委差大于 0 的时候，会显示为红色；而委差小于 0 的时候，会显示为绿色。

有些行情软件是不显示委比的，比如下面的图 1-2-2，面对这种情况，我们可以根据卖出委托总量和买入委托总量来自行计算。

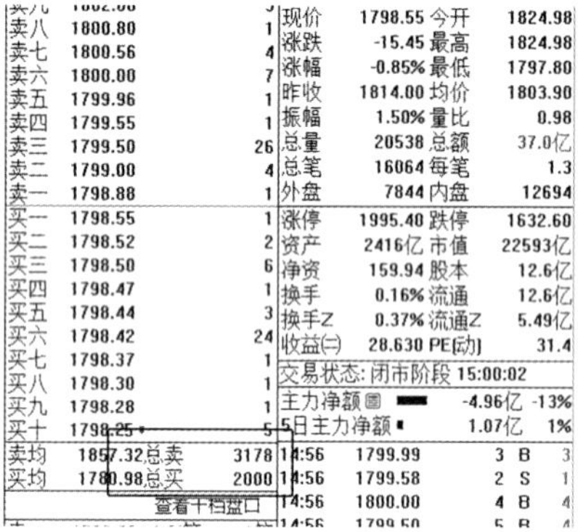

图1-2-2 总买量、总卖量

这里还要补充解释一下，图1-2-2中，所谓的总卖量（或总卖）是指从1798.88元一直到涨停价（1857.32元）这个价格区间中，所有卖出委托挂单的总量；相对应，所谓的总买量（或总买）是指从1798.55元到跌停价（1780.98元）这个价格区间中，所有买入委托挂单的总量。

说清楚什么是委差，再来讲什么是委比。

委比，就是用委差除以总的委托数量。回到图1-2-1，我们可以计算出委差是-1178手，而总的委托数量是总卖量加上总买量，即3178手加上2000手，一共是5178手。最后，用-1178手除以5178手，这样就可以得到-22.75%。一般情况下，在行情软件中，委比大于0的时候会显示为红色，而委比小于0

的时候会显示为绿色。

知道了委比怎么计算，我们就可以思考一下委比的含义。委比是通过委差来计算的，而委差相当于净买入委托数量，所以委比就是净买入委托数量占买卖委托总数的比例。

我们可以进一步想象，如果当天个股涨停，那么涨停时的委比和委差应该各是多少呢？

个股涨停的时候，卖出委托总量是 0，那么委差就变成了用总买入委托数量减去 0。所以，此时委差就恰好等于总买入委托数量。那么，委比是多少呢？还是回到委比的计算方法上，由于委比是用委差除以买卖委托数量总和，因此个股涨停的时候委比恰好是 1（因为卖出委托数量是 0），也就是 100%。

涨停的时候，委差恰好等于买入委托总量，那跌停的时候呢？

跌停的时候，情形恰好与涨停时相反。此时，总买入委托数量是 0，因此委差就变成了用 0 减去总卖出委托数量。所以，当个股跌停的时候，委差恰好就等于负的总卖出委托数量。那么，委比恰好是 -1，也就是 -100%。计算方法不变，这里不再赘述。

根据上面的计算，我们可以发现，委比是在 -100% 与 100% 之间进行波动。同时，委比数量越大、越接近红色 100%，说明买入委托数量越多；相反，委比数量越小、越接近绿色 -100%，说明买入委托数量越少。

在这里，我们可以进一步展开思考，委比越大、买入委托数量越多，就一定意味着股价要上涨吗？大家读到这里，不妨暂停一分钟，好好思考一下这个问题，从而好好理解一下委比这个概念。

二、量比

量比一般显示在分时图或者 K 线图的右侧，见图 1–2–3。

卖八	1800.80	1	现价	1798.55	今开	1824.98
卖七	1800.56	4	涨跌	-15.45	最高	1824.98
卖六	1800.00	7	涨幅	-0.85%	最低	1797.80
卖五	1799.96	1	昨收	1814.00	均价	1803.90
卖四	1799.55	1	振幅	1.50%	量比	0.98
卖三	1799.50	26	总量	20538	总额	37.0亿
卖二	1799.00	4	总笔	16064	每笔	1.3
卖一	1798.88	1	外盘	7844	内盘	12694
买一	1798.55	1	涨停	1995.40	跌停	1632.60
买二	1798.52	2	资产	2416亿	市值	22593亿
买三	1798.50	6	净资	159.94	股本	12.6亿
买四	1798.47	1	换手	0.16%	流通	12.6亿
买五	1798.44	3	换手Z	0.37%	流通Z	5.49亿
买六	1798.42	24	收益(三)	28.630	PE(动)	31.4

图1–2–3　量比

当天某一时刻（比如 10：00）的成交数量除以上一个交易日同一时刻（还是 10：00）的成交数量，就得到了当天这一时刻的量比。所以，从概念上说，量比实际上是成交数量同比。比如，我们继续观察图 1–2–3，图上的 0.98 就是量比。因为是已经收盘之后显示的量比，所以这里是用当天整个交易日的成交数量除以上一个交易日全天的成交数量。

这里 0.98 的含义是什么呢？回到量比的计算方法上，我们就可以发现，其含义是这一天的成交数量只达到了上一个交易日成交数量的 98%。换句话说，这天的成交数量比上一个交易日少了2%。

同理，量比越大，说明当天的成交数量相对上一个交易日的规模更大。如果量比达到200%，那就说明这天的成交数量达到了上一个交易日的2倍。

这里要注意，我们提到的量比是一个时间区间的概念，这个时间区间未必是日级别的，也可以是小时级别的，还可以是5分钟级别的，具体要看时间区间怎么划分。

对于量比，大家一定要建立同比的感念，只要理解了同比，也就基本理解了量比。

三、均量线

我们看下面这张图（图1-2-4）。

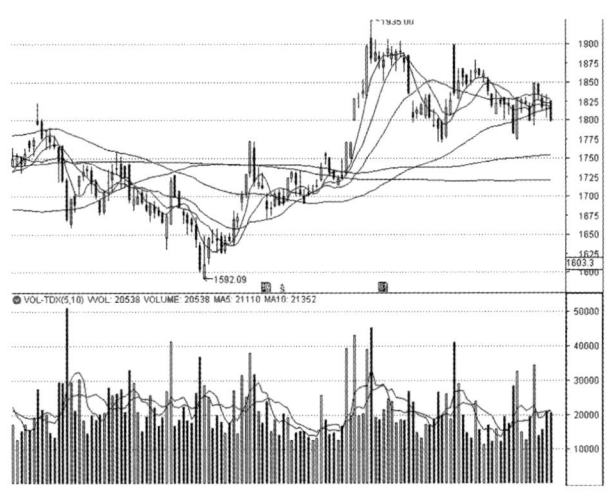

图1-2-4　均量线

图形下半部分的成交数量柱状图中，除了成交量柱，还有两条曲线。这两条曲线就是均量线。均量线是成交量的移动平均曲线。从图 1-2-4 上看，这两条均量线，一条是成交量的 5 日移动平均线，另一条则是成交量的 10 日移动平均线。具体哪条曲线是 5 日移动平均线，哪条曲线是 10 日移动平均线，大家可以打开行情软件对应上面的标识来区分。

在图 1-2-4 上，我们看到 5 天成交均量是 21110 手，而 10 天成交均量是 21352 手。两条均量线是相互缠绕的，也意味着在这临近的 10 个交易日中，10 天成交均量和最近的 5 天成交均量是接近的。这个图形实际上是向我们揭示整个成交数量的平均波动变化。一般来讲，类似均量线这种描述，我们都会认为它们是趋势指标。

成交价也好，成交量也好，所有的成交都来自对价格的不认同。所谓对价格的不认同，直白地说，就是卖出的人认为股价太高，买入的人认为股价太低。正是因为有这样的价格分歧，成交才会形成。成交的金额越大，证明此刻的价格分歧越严重。这时候，我们就很有必要来研究一下此时正在发生的这些成交，是以什么样的方式实现的。

四、竞价

股票交易采取的都是竞价交易模式。所谓竞价交易模式要遵从两个规则：第一是时间优先规则，第二是价格优先规则。

时间优先规则是指，同样的价格，谁先报委托，谁先成交。

这和排队的原理相同。

价格优先规则是指，如果你报出更高的价格，那么你就有优先买入的权利，即价高者先得。比如，别人挂单10元卖出，你用10.01元的价格买入，这是迎着去买，一定能快速成交。如果你挂单9.98元去买，那么就无法与10元的卖出委托成交。如果是卖出，原理也是相同的，只是此时恰好相反，标价低者先卖出。

上面两点就是竞价交易中的最基本规则。

全天的竞价交易，分为三个时段。

第一个时段是9：15—9：25，这是开盘集合竞价阶段。这个阶段又分为9：15—9：20和9：20—9：25两个部分，每个部分各5分钟。第一个5分钟里，买卖委托是可以撤销的；而第二个5分钟里，买卖委托是无法撤销的。

集合竞价的定价原则有三个：第一，高于集合竞价价格委托的买单，全部成交；第二，低于集合竞价价格委托的卖单，全部成交；第三，等于集合竞价价格委托的，不管是买入委托还是卖出委托，有一方全部成交。

集合竞价的过程，现在都是在交易所主机上直接撮合成交。所以，按照上面提到的三个定价原则，就会形成一个非常公平而准确的定价方法。在一些偶然的情形中，某只个股会形成两个满足上述三个原则的成交价，这时交易所就会选取能够达成最大成交量的一个价格作为集合竞价的结果。

集合竞价的目的是让大家在开盘之前就参与到成交委托中。

同时，这也是一个公平的报价方式。在这个过程中，我们可以看到市场在开盘前就对个股进行了各种各样的出价。在行情的波动过程中，通过这些出价，我们可以看到一些现象。比如在集合竞价阶段，我们经常可以看到有的价格委托打了买入价，过了一会又撤掉了。很多人不理解，问这究竟是为什么？有些观点认为这是所谓的"庄家"在试盘子，其实未必要通过这样的角度去思考问题。

首先，我们要明白，9：20之后，交易规则不允许撤单，但9：20之前是可以撤单的。也就是说，不管是散户、中户还是大户，都可以在9：20之前撤单。

其次，散户的挂单与撤单，市场很可能是感觉不到的，因为散户不管买5手还是10手，对于集合竞价上百手的量来讲，都是比较小的。但一个大户买300手或500手，对集合竞价就会产生一定的影响，尤其是在某只个股当天参与集合竞价的人比较少的时候。

我们可以想象一下，一个大户在当天集合竞价的时候买了一只价格为10元的个股，总市值200万元，也就是说他买了20万股或2000手。这时，在行情软件上就会显示10元的位置上多了2000手买入委托。

那么在9：15集合竞价开始的时候，如果主动向下卖出的委托没有超过2000手，我们看到的集合竞价显示的通常都是买价（10元）。

这里要注意，集合竞价显示价格的方式与连续竞价是不一样的。集合竞价中，买价和卖价是相同的。

回到上面的例子，当集合竞价的价格显示为买价（10元），这时候卖出委托不足2000手，那么2000手买入委托就没有被完全匹配。这时候集合竞价还没有结束，我们可以继续往下看。

比如，随着抛压越来越大，也就是卖出的委托数量越来越多，比2000手大的时候，集合竞价的价格可能就要开始往下走了。下降到多少呢？下降到有足够的买入委托与上面的卖出委托进行匹配。

随着时间的推移，往下抛的单子越来越多，而相应的买单数量跟不上，集合竞价的价格就会一直往下走。如果这时候突然有人撤掉了一大笔卖单，会出现什么情况？如果此时买单没有撤，价格"哗"的一下就回去了，这时候集合竞价的委托数量一定是大于2000手的，而挂在10元的2000手买单一定是全部成交的。但如果买单也撤了，有可能委托数量就会变得很少，价格也是上不去的。

上面是集合竞价的一个动态过程。如果当时很大的卖单是一次性挂出的，然后一点点撤掉，那么集合竞价的委托数量就会一点点变小，同时价格是一点点往上去的。

这些都是在集合竞价的委托阶段显示的，委托集合竞价价格会往上走，等到集合竞价结束，所有的交易委托只有一个成交价，这个成交价就是当天的开盘价。

换句话讲，上面我们举的例子中，买2000手的这个委托要是在集合竞价期间成交，那么成交价未必是 10 元，而是按照当天集合竞价的结果成交。集合竞价结束时，就按照竞价价格完成交易。所以，成交价也许是 9.8 元，也许是 9.7 元或 9.6 元。成交价会不会是 10.1 元？不可能，因为集合竞价的原则是高于集合竞价的买单全部成交，本例中委托的是 10 元，是低于集合竞价的，所以该买单不会成交。

这也意味着如果散户想在集合竞价阶段进行买入或者卖出委托，就应该把买入委托价打得更高一点，或者把卖出委托价打得更低一点。这里，你不用担心你的委托成交价格会变得很差，因为当天一定会按照集合竞价一次性全部成交完毕。当然，这里的前提是散户，散户对股价的影响很小，甚至可以忽略不计。

9：25 集合竞价结束，9：25—9：30 是一个非常特殊的时间段，这个时间段交易所是不接受任何委托的。这里普及一个常识，在这个时间段，如果你集合竞价的委托没有成交，请不要选择撤单。因为此时撤单委托只能够在券商端的服务器进行，交易所此时是不接受委托信息的。

想象一下 9：30 开盘，进入连续竞价阶段，交易所又开始接收各个券商发送的委托信息。你要撤销集合竞价中未成交的委托。此时，你那一笔委托直接转入到了连续竞价过程中，在交易所开门的瞬间，也许你的那笔委托恰好在连续竞价中成交。这时候，你对证券公司发出的撤单指令会导致成交回报和触发成交的信息产生一些矛盾，从而导致交易账户里查询不到你的撤单状态，也查询不到你的委托状态，就是包括集合竞价的那笔委托状态。

通常这时候，我们看到的委托回报是已报待撤或者是未报。如果是已报待撤，你前面一笔集合竞价的委托也是已报，那就只能等到日终，即当天收盘后再调整。在这个过程中，你的资金有可能是被冻结的，所以在这个时间段不要选择撤单。这还仅仅是做买入委托，如果做卖出委托，可能你的股份会被冻结一天，因为实在不知道你这个委托到底成交了没有，逻辑上讲应该已经成交了，但是可能你的资金并没有释放出来，这是因为你在9:25之后做的撤单委托跟你在9:25之前做的集合竞价委托，在成交次序上有一些矛盾，或者说是巧合。在这种情况下，你的成交回报不一定能够回来，所以我们要避免在交易时间段进行撤单操作。

9:30之后，市场就进入了连续竞价阶段。连续竞价阶段的规则有两个：一个是价格优先，一个是时间优先。在这里，要提醒大家注意价格笼子的概念。现在，沪深主板、科创板、创业板都有价格笼子。所谓价格笼子，是指委托报价要符合一定的交易报价规则。笼统地说，沪深主板、科创板、创业板的价格笼子规则都是在基准价的基础上上下浮动2%。也就是说，价格笼子的上沿是基准价乘（1+2%），价格笼子的下沿是基准价乘（1-2%）。如果委托报价高于价格笼子的上沿，或者低于价格笼子的下沿，就会被视为无效，在交易软件中，委托指令也会被显示为"废单"。

关于基准价，上海证券交易所关于买入委托和卖出委托的基准价是不同的。买入委托的基准价是即时揭示的最低卖出申报价格；如果没有即时揭示的最低卖出价格，就用即时揭示的最高买入价格；如果也没有即时揭示的最高买入价格，就用最新的成交价；如果当天没有成交，就用最临近的收盘价。卖出委托的基准价是即时揭示的最高买入申报价格；如果没有即时揭示的最高买入价格，就用即时揭示的最低卖出价格；如果也没有即时揭示的最低卖出价格，就用最新的成交价；如果当天没有成交，就用最临近的收盘价。

这里说的是上海主板市场的价格笼子规则，各个市场的价格笼子细则多少有些不同，这里限于篇幅，不做赘述。大家可以自己去交易所官网查询最新修订的交易规则。

现在的行情软件会把价格笼子显示在分时图上。常见的显示方式有两种：一种是如图1-2-5所示，在分时图上方显示即时的价格笼子数值；另一种是如图1-2-6所示，在分时图的分时线上下两侧显示价格笼子曲线。

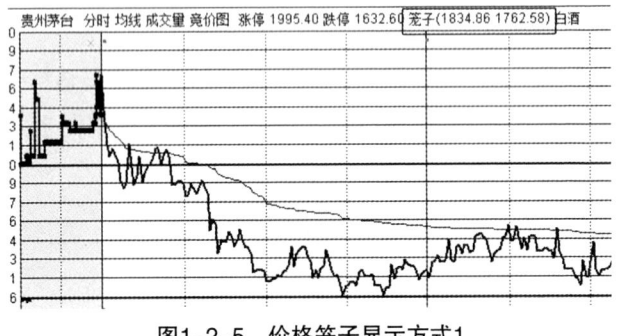

图1-2-5　价格笼子显示方式1

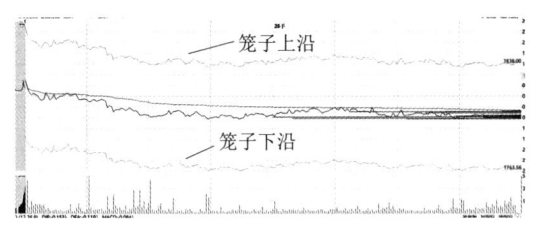

图1-2-6　价格笼子显示方式2

在一天的交易中，还有第三个交易时段，叫作收盘集合竞价。收盘集合竞价是在2：57开始，3：00结束。这三分钟的集合竞价，规则与开盘集合竞价是大致相同的。两者唯一的区别是，收盘集合竞价后，未成交的申报，不会再有连续竞价阶段了。收盘集合竞价结束的时候，这三分钟里的所有委托按照同一个价格成交，从而形成当天的收盘价。

这里还要注意一点，在2：57之前的连续竞价阶段的委托，如果没有成交也没有撤销，那么这个委托就会进入收盘集合竞价。因此，如果不想参与收盘集合竞价，一定要记得撤单。同时，科创板和创业板的规则是，如果参与了收盘集合竞价但没有成交，还可以参与盘后定价交易。盘后定价交易就是以一个固定的价格进行交易，盘后定价交易的时间是3：00—3：30。

第三节　量价关系入门

我们也可以再仔细地思考以下问题：开盘集合竞价的委托量是大还是小，代表了在开盘之前，资金参与交投的意愿强烈与否。

通常来讲，开盘集合竞价的量不应该太大。如果某只个股，开盘集合竞价阶段的委托量显著大于以往，大概率是由隔夜信息导致的。大家都在交投一些隔夜的信息。这些信息可能是披露财务报告，也可能是一些大股东增持或者减持，还可能是一些影响显著的行业新闻、财经新闻等。这里提示一下，对于一些交易经验比较少的读者，如果判断不了隔夜行业信息重要与否，也可以通过了解相关行业个股开盘集合竞价的情况来做辅助观察。

随着时间的推移，交易进入连续竞价时段。这时，成交量所表达的就是最朴素的含义：大家参与交投的意愿是否强烈。成交量越大，参与交投的意愿就越强；成交量越小，参与交投的意愿就越弱。这是现象，这种现象的核心推动力上面已经提到过，是对价格的不认同，也就是价格分歧。相对来讲，这种价格分歧可能是非常有连贯性的。

比如，一只个股被很多基金持有。某一只持仓量巨大的基金要从这只个股里退出，就表明其对当前的价格区间是不认同的。所以，这只基金会在当前的价格区间持续卖出。因为这只基金的持仓量巨大，所以不太可能一天卖完。因此，我们会看到的现象是在价格下跌的过程中，成交量不断放大。从另一个侧面来看，出现这种放量下跌的现象，也就说明了这只基金确实是要卖出的。

所以，我们可以发现，我们要参照的不仅仅是所谓的成交量的大小、成交金额的高低，更重要的是要搭配着分时图、K线图，甚至多个不同时间周期的K线图去看。

要看清楚，究竟是价格上涨的时候在放量，还是下跌的时候在放量，这样才能够更具体地分析究竟是卖出的力量更大，还是买入的力量更大，在价格分歧中究竟哪一方更可能占优势。

这里还有一个放量是否规则的问题，我们分别找几个这样的例子。

一、量的变化

首先，我们来看图1-3-1。这张图是上证指数在上一轮牛市的日K线图（2013年8月至2015年2月）。在这张K线图上，我们可以看得非常清晰，在2014年7月之前，成交金额是非常小的。这么小的金额，我们称为"不放量"。从2014年7月开始，成交量明显上了一个台阶，这种情形就叫"放量"。我们来观察这个放量的阶段（图1-3-2），在2014年7月和8月，放量是比较规则的。这里的"规则"是怎么体现的，大家可以仔细观察一下，成交金额在这段时间里是均匀放大的。突发的放量出现在2014年11月19日。而在这种突发放量之后，成交量比之前又上了一个台阶。

在2014年7月之前，上证市场整体运行的成交量在7500万手左右，成交金额在620亿元左右。上证市场的成交量和成交金额处在一个相对温和，甚至是偏小的区间中。而到了2014年7月和8月的时候，成交金额均匀放大到了1300亿~1800亿元这个区间中。到了11月，成交金额骤然上升到3000亿元以上，甚至在成交最活跃的一天，成交金额达到6400亿元。

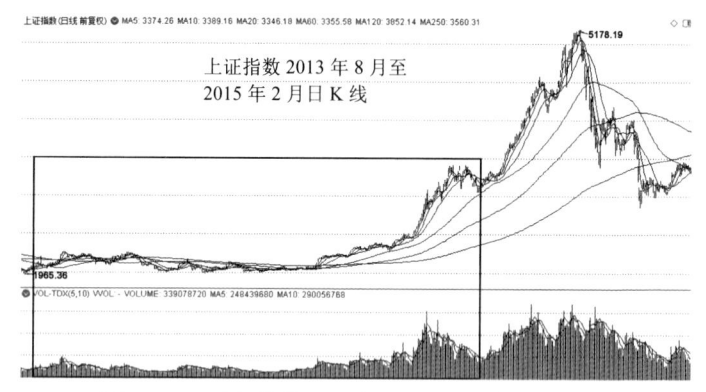

图1-3-1　上证指数2013年8月至2015年2月日K线

成交金额接近整轮行情巅峰是在 2014 年 12 月 9 日，当时的成交金额是 7900 亿元。整个成交金额几乎是 2014 年 4 月到 6 月平均成交金额的 10 倍。大家可以打开行情软件，结合图 1-3-1，再仔细看一下这一段时间的全部成交金额，体会一下这种剧烈的成交金额变动。

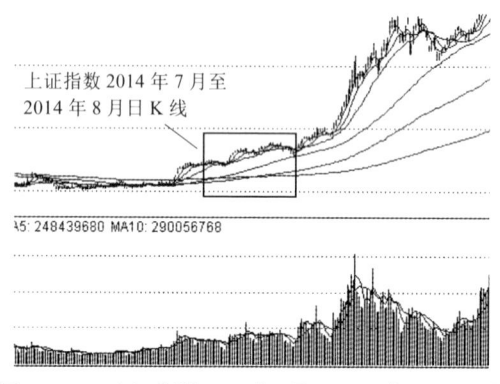

图1-3-2　上证指数2014年7月至2014年8月日K线

放量缩量是针对具体图形而言的，把现在跟过去比而形成的相对描述。那规则与不规则怎么判断呢？

规则放量的特点是放量会持续一段时间。比如从图1-3-3中，我们可以看到从2014年11月19日开始，多半个月都是放量的，而大约从12月9日开始，一直到2月都是缩量的，中间可能偶尔有几天是放量的，但绝大多数时间都是缓慢缩量的，这就是规则的放量与缩量。

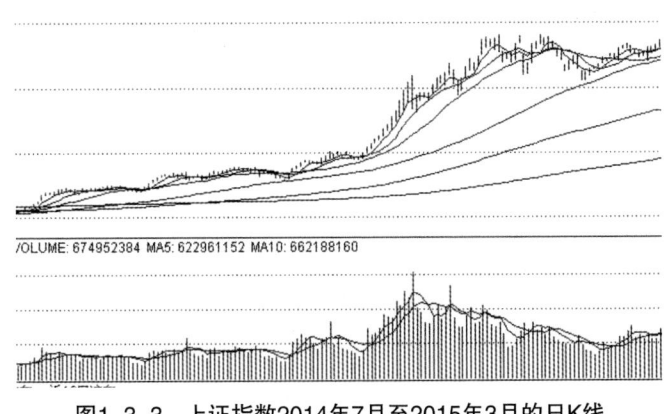

图1-3-3　上证指数2014年7月至2015年3月的日K线

这样的规则放量，有波峰，也有波谷。在波峰与波谷之间，成交金额的变化是相对温和且连续的。不规则的放量就没有这种特征，图1-3-4就是典型的不规则放量。不规则放量的特征是，我们经常能看到成交金额突然放大一两天，同时价格也突然涨一两天，短短几个交易日之后，成交金额又萎缩到原来的水平。

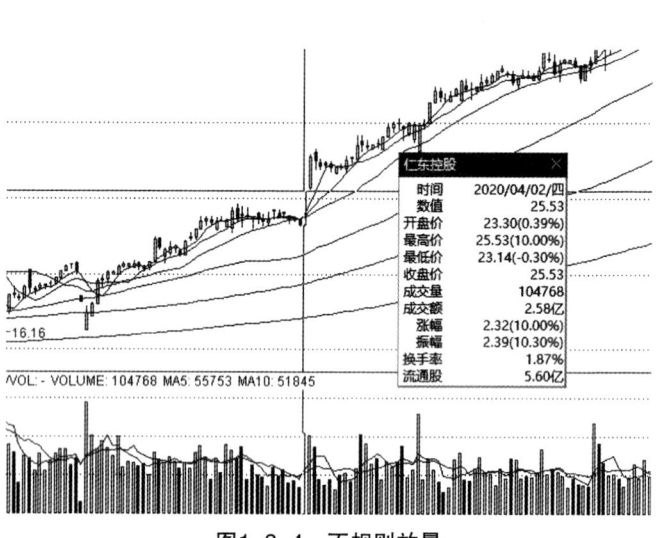

图1-3-4 不规则放量

我们一起来看图1-3-4。在2020年4月2日这天,这只个股的成交金额是2.58亿元,而前一个交易日只有8000万元,成交金额突然放大了,大约是原来的3倍。但这种成交金额的放大只维持了三个交易日,这一点就非常不寻常。因为通常来讲,大家对一个投资标的的价格分歧是会有惯性的,而不规则的放量往往只能维持短短几个交易日,这就表达了价格分歧的不连贯。这是很不寻常的,庄股就会时常表现出这种不寻常。

大家再看图1-3-5,显示这只个股到2019年7月31日也是连着两个大阳线,成交金额1.1亿元,而前一个交易日只有3000万元的成交金额。在不到一个星期的时间里,其成交金额又快速萎缩到了1100万元左右。在基本面没有发生变化的情况下，成交金额的波动非常剧烈，这就是典型的不规则放量。还有图1-3-6，显示的是某只个股2023年3月到2023年9月的日K线图形，也是典型的不规则放量。

图1-3-4、图1-3-5和图1-3-6显示的都是典型的庄股，大家可以结合起来进一步观察。

规则放量是有利于我们去分析的，而不规则放量往往意味着有额外的控制力量参与到这个标的里。如果一只个股时常出现这种不规则放量，就说明这种额外的力量经常对这只个股产生影响。也就是说，这只个股是庄股的可能性特别大。这也就是为什么前面我们说这种不规则放量时常出现在庄股中。

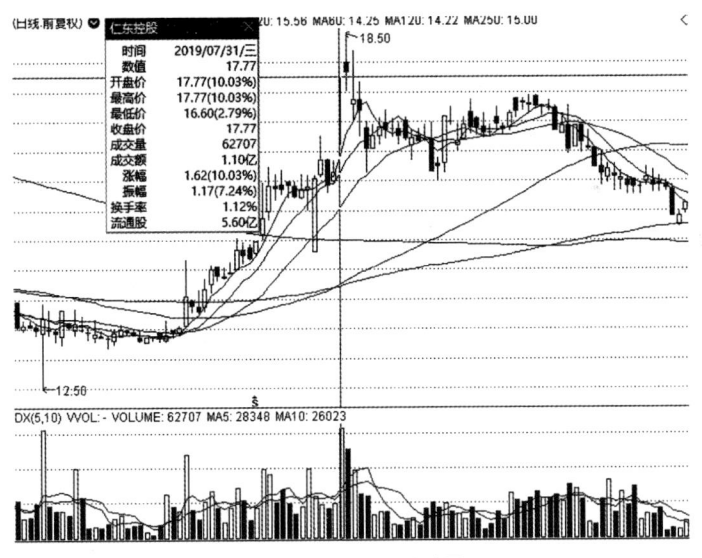

图1-3-5 不规则放量

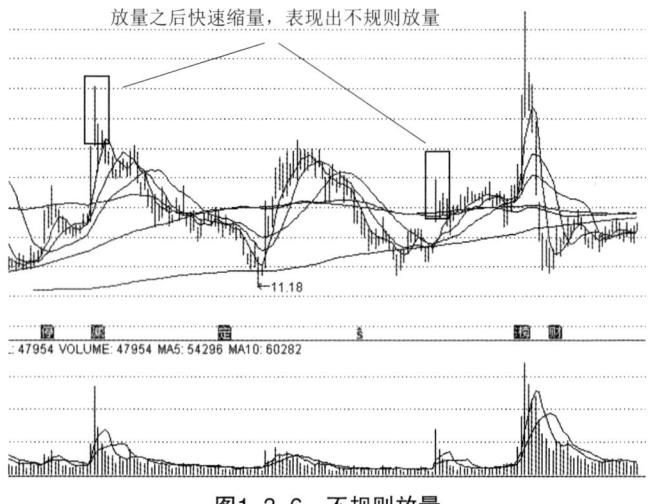

图1-3-6 不规则放量

对于指数来说，一般不太会出现所谓的不规则放量。原因很简单，指数是很难被人为操纵的，所以指数的放量和缩量过程往往是比较规则的，或者说指数的放量和缩量往往有一个连贯渐变的过程。

二、价格的波动

对于价格的波动，我们也会有一些概念或者说评价标准。

首先，我们要理解价格的定性。

价格有高有低。这里的高和低要分两个层次。

第一个层次是价格绝对值的高或者低。一只股票的价格已经达到 2000 元了，成为两市第一高价股，这就是价格绝对值高。另一只个股价格只有不到 1 元，这就是价格绝对值低。大家不妨想一想，价格绝对值的高低重要吗？

价格绝对值的高低并没有那么重要。更核心的是要看相对价格的高低，这是我们判断价格高低的第二个层次。

所谓的相对价格，我们通过一个例子来看。一只个股一个月前的价格是10元，20个交易日之后，其价格已经涨到了25元。从价格绝对值的角度看，25元不能算高。但我们要知道，这只个股的相对价格已经很高了，在短短的20个交易日里，价格已经涨了150%，这个涨幅是非常大的。相对价格这个层次，为我们定义或者说评价价格的高低提供了定性的角度。这种定性并没有太多的科学依据，更多是依据相对的时间区间的涨幅来衡量的。

有定性描述，就会有定量描述。一种对于价格进行定量描述的方法，是将价格移动平均线作为参照。每一幅K线图上都会有价格移动平均线。这些价格移动平均线，每个人可能会有一些不同的设定方式，但最常见的设定方式是5天、10天、20天、30天、60天、120天和240天。这样的设定是有依据的。

其一，一周有5个交易日，所以5日均线就代表了这一周的移动平均价格。其二，一个季度有60个交易日，所以60日均线就是一个季度的移动平均价格。尤其是在衡量价格方面，我们可以结合一些具体场合来看。比如要推断一只基金参与某只个股的大体的持仓成本，在半年报里，这只基金持有2500万股，怎么推断2500万股的持仓成本？可以用9月最后一个交易日的 60 日均线价格去倒推这只基金的持仓成本。用这个价格去推断基本上是八九不离十的。

同理，120 日均线是半年线，240 日均线是年线。半年线代表半年的平均持仓成本，年线代表一年的平均持仓成本。这两条均线在图形走势上具有重要含义，原因就在于大家的价格分歧在这里会表现得更充分。以年线为例，年线代表一年的平均持仓成本，如果价格涨起来逼近年线，那就意味着这一年的套牢盘都面临解套。这时候，那些套牢的人对这个价格一定会产生新的判断，从而这个新的判断也就改变了原来的价格分歧格局。半年线也是这样的原理。所以，年线和半年线的重要性就体现在对价格分歧的影响上。

这两种对价格的描述，不管是定性的还是定量的，都只描述了价格当前的状态。那有没有一种方式对价格在过去一段时间内的波动进行描述呢？

我们可以用历史价格的形态来定性描述价格的波动。

所有价格波动都只有两种状态：一种叫趋势运动，另一种叫整理运动。所谓的趋势运动，就是价格在不断走高或者不断走低。所谓的整理运动，就是价格无序波动或者在某一个区间波动，既不呈现上涨趋势，也不呈现下跌趋势。

作为一个市场参与者，你的交易框架要去捕捉哪一种价格波动，是要达到"开宗明义"这种理解程度的。

假定你的交易框架就是去捕捉趋势运动的，那么随着价格越涨越高，你就应该在涨之前买入，涨到一定程度就卖出，或者随着价格越跌越低，在跌之前卖出，跌到一定程度再买回来。这就是一个自洽的趋势交易框架。

你也可以制定一个参与整理运动的交易框架。比如价格跌得多了就买一点，等价格回到正常水平就卖出；或者价格涨多了就卖出，等跌回正常水平就买回来，从而赚一点差价。

这两种交易框架，对价格波动的要求是完全不同的，我们后面会详细介绍。在这里，我们要先对这两种交易框架建立初步的认知，同时也要知道，量价关系的运用在这两种交易框架中也是不同的。同时，这里我们也要对价格的趋势有一个衡量。面对一个趋势，要思考这个趋势究竟是强还是弱，是快还是慢？虽然单纯从涨速的角度可以揭示趋势运行的强弱和快慢，但有些时候不够直观，或者说不够科学。比如：一只个股三天涨了10%，另一只个股两天涨了10%，比较起来就很容易；但如果一只个股20天涨了10%，另一只个股30天涨了10%，到底哪只个股的趋势更强，比较起来就困难一些。这时，我们要把这两只个股的K线切分一下，看看平均每天各自的涨幅是多少，这样就是比较科学的。

如果情形更复杂一点，同时有两个标的，一个涨了15%，另一个涨了12%，哪个更强呢？直接用涨跌幅度去判断，是不够直观的。所以，这里要有一个比价的概念。用两个标的价格波动的K线收盘价去做比价，然后把比价图画出来，强弱变化一目了然。比较长期的强弱，这种方法更好用。图1-3-7就是中证500与沪深300的比价图，这样的比价图可以用Excel

来做，一些行情软件也有这样的功能。

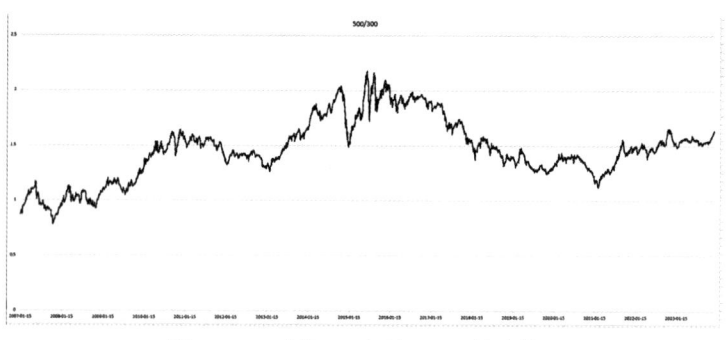

图1-3-7　中证500与沪深300的比价图

在这一章里，我们详细学习了有关成交量的基本图形与概念，包括成交数量、成交金额的区别，什么情况下用成交金额以及度量成交量的一些指标（比如量比、委比、换手率、均线），也理解了交易价格的形成原理。在这个阶段，大家在实际应用中还是要特别关心这些基本概念，后文我会讲一些具体的问题，通过问答的方式给大家做一个更好的解答或者描述。

第四节　问答收录

问题1

问：什么是无序波动？

答：震荡就是无序波动。价格的波动没有明显的方向性，就是震荡，也就是无序波动。

问题2

问：放量上涨怎么认定？

答：换手率明显增大，或者成交金额明显放大，同时价格趋势往上走，这就叫放量上涨。至于换手率多少合适，对于短线操作而言，一般要在3%以上，越大越好，但是别超过25%，因为随时可能会死。放量下跌也是一样的，只不过放量下跌的时候速度会更快。也就是说，下跌的速度要比上涨的速度快得多，不管什么品种都是这样的，衍生品也是一样的。

问题3

问：趋势的强弱和快慢怎么衡量？

答：衡量趋势的强弱，总要有能够量化的指标。下面以上涨强趋势为例进行讲解。

　　一是在收敛图中，偏离均线的空间或者说高度显得强。

　　二是在二踩图上，回踩（回调）的比例比较浅。如果回调深，那就是弱趋势。如果不回调，呈现横盘震荡，那意味着趋势更强。如果第一次回调是向下的，第二次回调变成横盘了，意味着趋势强。第一次如果是整理横盘，第二次是回落的，趋势相对就弱一些。度量时你要有一些技巧的。我们以最简单的二踩来举例子，从时间框架上看，涨10天、调5天，涨15天、调七八天都可以，这个时间结构是不错的，如果回调的时候缩量了，之前量最小时有约1亿元，最大时有约 3 亿元，回调到位是 1.5 亿元，基本上可以认为回调会到最大量的一半。等到后来它涨到 5 亿元时成交，回调到 2.5 亿元，同时时间周期也差不多了，我认为这个位置可能就是调整到位了。这又是一种度量方法，相对来讲也比较精确，但你还要再添加对自己而言性价比较高的度量方法。

小贴士

委比很大，意味着委托买入的数量很多，在盘口上会看到买盘上有大量委托，而卖盘上的委托会比较少。如果看到这种情形，而价格却没有涨，说明逢低买的人很多，愿意追涨买的人很少，也说明大家的情绪并不高涨。一旦有人主动向下抛，价格很快就下降了。如果反过来，委比是负的，绝对值很大，价格却没有跌，说明逢高卖的人很多，但没人往下砸，一旦有大买单主动往上买，价格也许很快就上涨了。

以上两种就是异常情况。

委比大、同时价格往上涨，或者委比小、同时价格往下跌，都属于寻常情况。寻常情况往往不具备交易价值。异常情况比寻常情况更值得关注。

第二章

量与价的关系

这一章，我们要从量与价的三种关系入手，讲解量价关系背后的原理。量与价的关系有三种，分别是量价配合、量价背离和量价震荡。我们从量价配合开始，逐步讲解。

第一节　量价配合

直观地说，所谓的量价配合就是放量上涨或者放量下跌。换言之，因为有量这个因素的存在，所以价格出现惯性运动。以上涨为例，放量越大，涨得也就越多，量放得没有原来那么大，涨势相对来说就会趋缓。量增价升或者量增价跌，成交量和价格运动趋势的关系是正向的，成交量越大，运动的趋势性越强。这就是量价配合。

对于绝大多数趋势交易者来讲，量价配合是最理想的趋势运动状态。我们只要能够尽可能早地发现量价配合，或者尽可能准确地预测到量价配合大概率会出现，就可以通过介入来获得价格波动的惯性。这里就有三个问题：（1）如何判定量价配合；（2）如何度量量价配合的程度；（3）在已知前两者的情况下，怎样选择切入的时间节点。

一、判断量价配合是否成立

所谓的量价配合,量增价升也好,量增价跌也好,首先要对量进行定性分析。这里我们要先对量有一个概念,要先看清楚在形成趋势之前成交金额、换手率是多少,然后看最近价格开始有一些趋势运动的苗头时,成交金额、换手率又是多少。这时往往不存在明显呈线性的比例惯性,但相应一些放大,甚至放大的倍数比较多,这是很常见的情形。

我们结合图 2-1-1 来观察。该图是上证指数在 2014 年 7 月至 2014 年 8 月的日 K 线图。

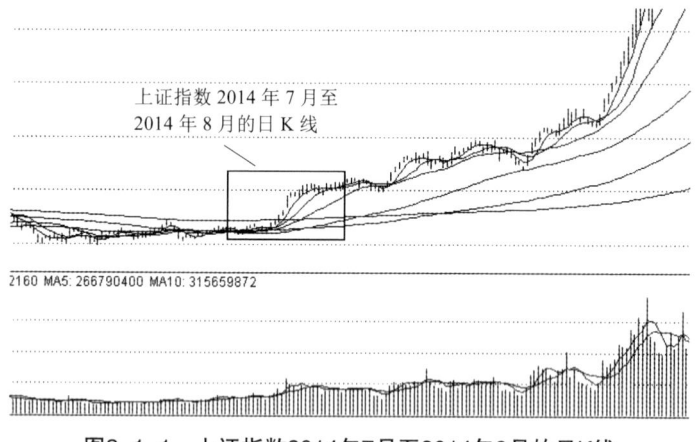

图2-1-1 上证指数2014年7月至2014年8月的日K线

2014 年 7 月之前,上证指数每天的成交金额不到 1000 亿元。而到了 2014 年 7 月末,上证指数每天的成交金额快速放大到了 1400 亿~1500 亿元这个区间。也就是说,在不到一个月的时间里，成交量逐步温和放大了接近50%。我们也看到价格确实随着成交金额的放大而逐步上涨。而且，这期间是有涨速的。为了看得更清楚一些，我们可以把这一段时间的图形放大（图2-1-2），大家也可以打开行情软件，对着这张例图来观察。

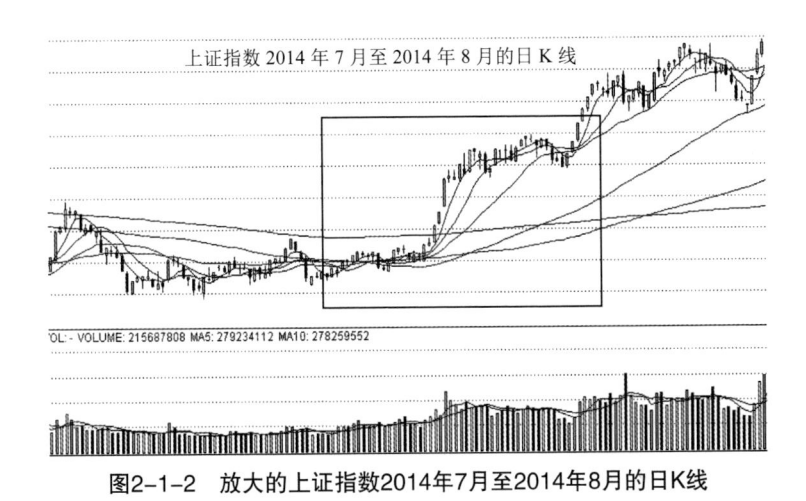

图2-1-2　放大的上证指数2014年7月至2014年8月的日K线

2014年7月17日前后，市场的成交金额仍然是在七八百亿元，而到7月22日，成交金额有了一个明显的突变。这个突变是从前一个交易日的757亿元变成了987亿元。这是一个相当不寻常的成交金额，但也并没有达到离谱的程度。原因在于在此之前的7月16日也有过1020亿元的成交金额。7月23日，成交金额在987亿元的基础上又放大到了1067亿元，到了下一个交易日（7月24日），成交金额放大到了1287亿元。在成交金额连续放大之后，7月25日出现了缩量调整，成交金额温和下滑至1114亿元。而紧接着的下一个交易日（7月28日），成交金额放大到了1804亿元。这段时间的行情是连续5个交易日上涨，并且成交金额从757亿元的数量级别放大到了1804亿元的数量级别（这里用的是"数量级别"，用以说明成交金额的大致波动区间，并不是严格的"数量级"概念）。成交金额放大得非常明显，同时价格也是带着涨速上涨的，这就属于典型的量价配合。

这种量价配合的例子还有很多，图2-1-3、图2-1-4、图2-1-5也是典型的量价配合的例子。

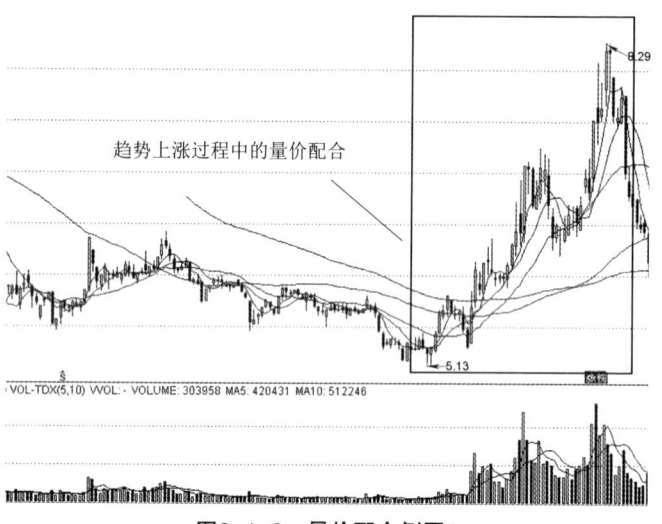

图2-1-3 量价配合例图1

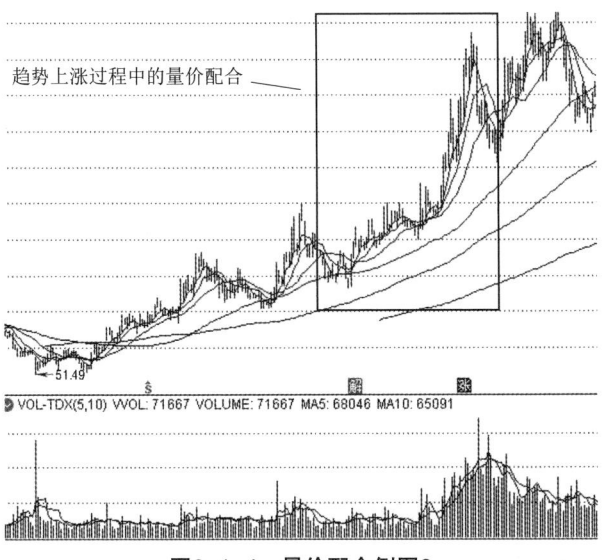

图2-1-4 量价配合例图2

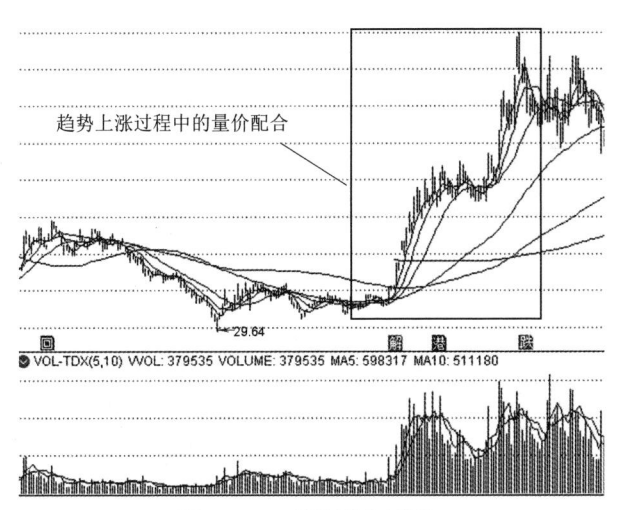

图2-1-5 量价配合例图3

第二章 量与价的关系

二、量价配合背后的含义

这种量价配合，往往预示着前一个阶段的主动买盘力量非常强大，市场运行的惯性相对来讲就会比较强。我们再回到上证指数 2014 年 7 月的这张图（图 2-1-2）。

2014 年 7 月 28 日这天，放出 1804 亿元的成交金额，这究竟是阶段性的高点，还是行情启动的初期，还要依赖其他因素来判定。但是，在这五六个交易日中（2014 年 7 月 22 日至 7 月 28 日），我们可以扎扎实实地感受到市场的量价关系在出现正相关（即量价配合）时爆发出的巨大能量。

前面讲的一直是量增价升的例子，下面我们来看一个量增价跌的例子（图 2-1-6）。

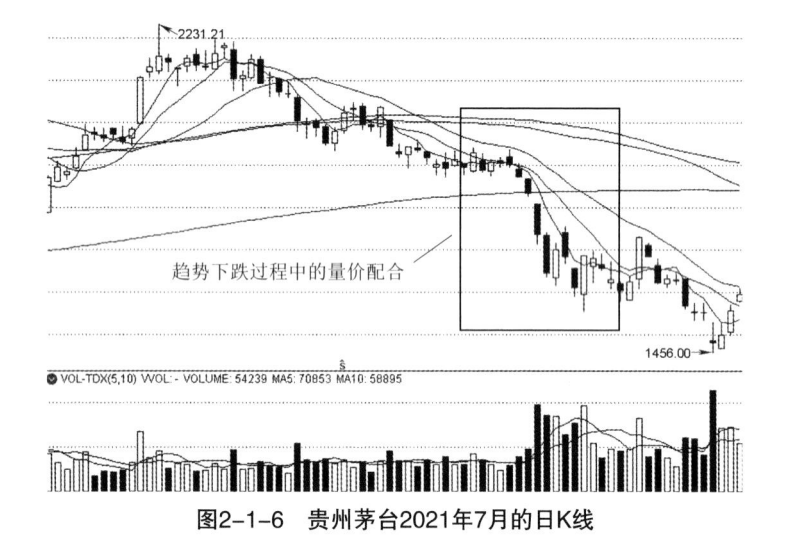

图 2-1-6　贵州茅台 2021 年 7 月的日 K 线

图 2-1-6 是贵州茅台在 2021 年 7 月的日 K 线图。大家同样可以打开行情软件，对着 K 线图来观察。在 7 月 21 日之前的六七个交易日里，股价处于横盘的状态。7 月 20 日那天出现了阶段性的最小成交金额，这一天的成交金额是 46.4 亿元。第二天（7 月 21 日）震荡阴线成交 59 亿元，第三天（7 月 22 日）中阴线成交金额为 76 亿元。在这个过程中，成交金额在明显放大。到了第四天（7 月 23 日），成交金额放大到了 90.6 亿元，显著放大并且收长阴线。在往后的交易日里，下跌行情开始加速。第五天（7 月 26 日）成交金额 179 亿元，跌幅达到 5.24%。第六天（7 月 27 日）成交金额略有缩小，变成了 152 亿元左右，跌幅仍然达到 5% 以上。这是比较细致的观察。纵观 2021 年 5 月到 2021 年 7 月底的整个过程，会发现量价关系是先缩量震荡调整，然后放量下跌，再缩量震荡调整，再放量下跌的。而一旦放量的时候，就是要开长阴线。

我们继续观察这一段图形，在前四个交易日中，其中一天是震荡的，剩下三天的阴线成交量跟成交价呈现显著的量增价跌的走势。这种走势往往预示着量价的配合关系是正向向下的。所以，后面出现连续两天的长阴线也不稀奇。同时，又因为当时的图形结构恰恰跌破了前期平台，并且在年线上也没有获得应有的支撑，所以后续的杀跌会显得十分凌厉。这个图形就是非常典型的量价配合向下的图形。这种图形结构我们在后文还会看到，这种 K 线组合通常被称为"雨滴线"。所谓的雨滴线，就是像雨滴滴落一样，一共三根小阴线，下一根阴线比上一根阴线长，同时每一根阴线都在放量（图2-1-7、图2-1-8）。雨滴线出现之后，后面股价会很容易加速下跌。

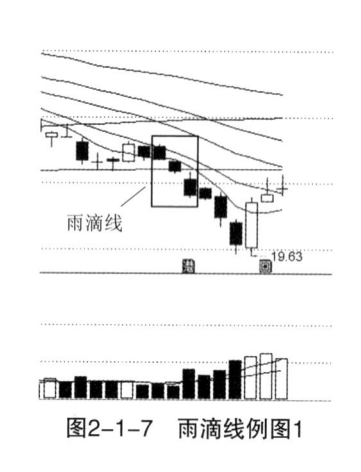

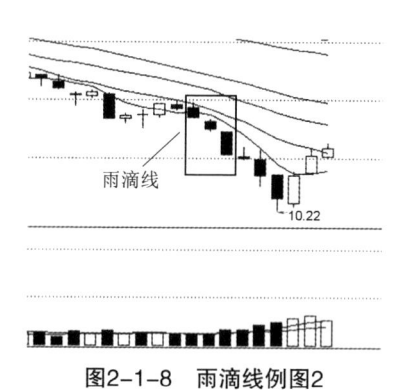

图2-1-7　雨滴线例图1

图2-1-8　雨滴线例图2

上面讲了量价配合的两种情形，第一种是量增价升，第二种是量增价跌。大家可以再结合图 2-1-9、图 2-1-10 体会一下这两种情形。

图2-1-9 量增价升

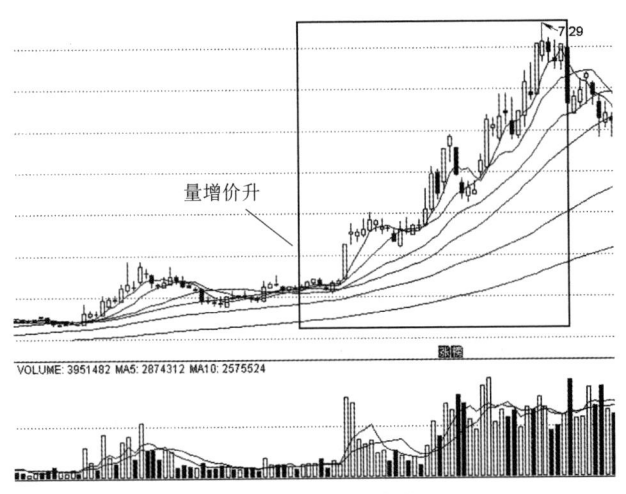

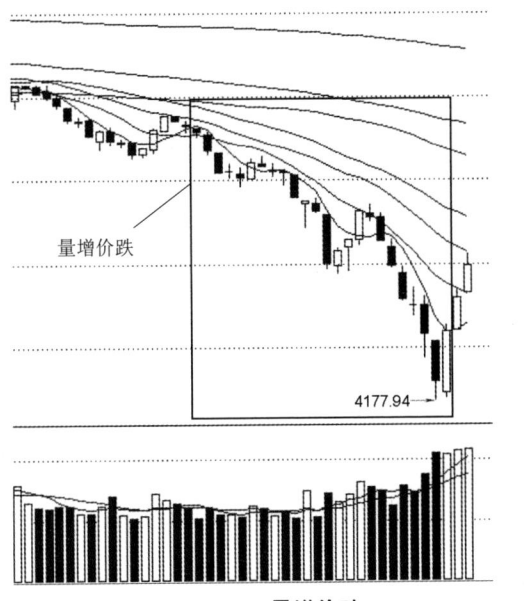

图2-1-10 量增价跌

第二章 量与价的关系

第二节　量价背离

一、周期的概念

与前面讲的量价配合不同，量价背离表现为缩量下跌或者缩量上涨。无论是缩量下跌还是缩量上涨，都预示着前一个趋势在整体的结构上接近完成。

怎么理解？我们结合图2-2-1来解释这种现象。

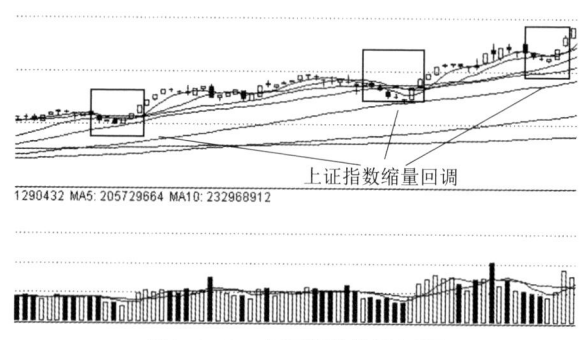

图2-2-1　上证指数缩量回调

在图2-2-1上，我们看到连续5个交易日，大盘指数的成交金额迅速放大到1800亿元，之后就是一段时间的横盘。在横盘的末端，我们看到了一些小幅的回调。而伴随着这些回调，指数的成交量也是萎缩的。在回调之前，指数是放量上涨的趋势，是有惯性的。在指数原有的放量上涨惯性趋势之后，出现了缩量回调。当缩量回调到某种程度的时候，这个调整也就趋向于结束。

这个例子说明缩量回调是针对放量上涨的一种调整结束。

也就是说，量价背离有很大概率是前一个量价配合的趋势运动之后出现的整理过程。量价背离趋向于结束，那么整理过程也就结束了。其实这里，我们接触到了一个非常浅显同时又让人非常迷惑的概念——周期。

简单地描述一下周期这个概念。整个交易环节中存在着各种各样的时间框架。比如：日内级别的交易，投资者可能是盯着分钟图、小时图交易；如果在隔夜级别上做短线，那就有可能是盯着日K线图交易；而一些做超级大长线的投资者，可能是盯着周K线图交易。每个交易者有不同的时间框架，这个时间框架既包括持股时间，也包括基本面或者情绪面作用到股价上，股价出现反应的时间。时间框架根据交易者自身的交易习惯有长有短。

量增价涨也好，量增价跌也好，这些量价配合的趋势运动在一个周期上出现，我们就可以先认为这是一个中周期。这个趋势运动回落调整结束，也就是一个中周期的调整结束。

我们经常会听到所谓操作上的一句"格言"——"顺大势，逆小势"。这里提到的"逆小势"，就是在等待中周期回调的结束。那"顺大势"是指什么？"顺大势"是指中周期图形连续上涨之后，形成的较长时间跨度的形态，而这个形态看起来是上涨趋势。这个较长时间跨度的形态，就是一个趋势结构更大的周期在涨。我们要在这个趋势结构更大的周期里找中周期回调结束的那个位置切入，从而获得更好的交易成本。只有交易成本长期处在较为理想的状态，才能够获得更高性价比的投资。

二、从量价配合到量价背离

我们把量价关系带入"顺大势,逆小势",重新总结一下。我们希望看到的是量增价升的量价配合现象在中周期图形上出现。中周期图形出现这种量价配合的上涨,大概率会带出一波中周期的趋势运动。

在价格趋势运动之后,长周期上可能已经形成了一个向上的趋势。这时候如果仍然选择追涨,可能会显得之前切入的这个价位缺乏性价比。

这时候到底能不能追呢?我们要观察会不会出现量价背离的情形。如果此时出现了量价背离的情形,并且价格运行已经到达量价背离的末端,也就是量缩价跌的过程到达末端,我们就应该在这个末端寻找新的切入点。在长周期上看,我们这就是顺应了大的趋势;在中周期上看,我们找到了一个更好的切入点,获得了更好的切入成本。好的切入成本能让我们有更好的持仓信心,更重要的是让我们获得更好的性价比。这就是所谓的"顺大势,逆小势"。

上面这个过程,我们是站在量价配合的角度来描述。相应地,从图形结构上看,其K线图的特征是什么呢?我们可以结合图2-2-2来观察。

我们可以发现,量价配合时,K线图呈现放量加速上涨的态势。上涨到一定的程度,成交量变得特别大,随后就开始萎缩,同时价格也出现震荡或者调整。这里所谓的震荡,既可能是横盘或宽幅震荡,也可能是回落。图2-2-2就是回落的情形,

图 2-2-3 和图 2-2-4 分别对应宽幅震荡和横盘的情形。

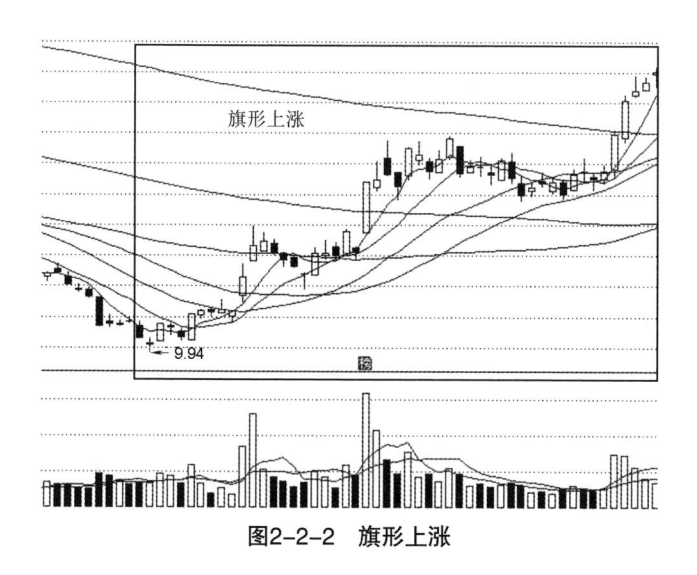

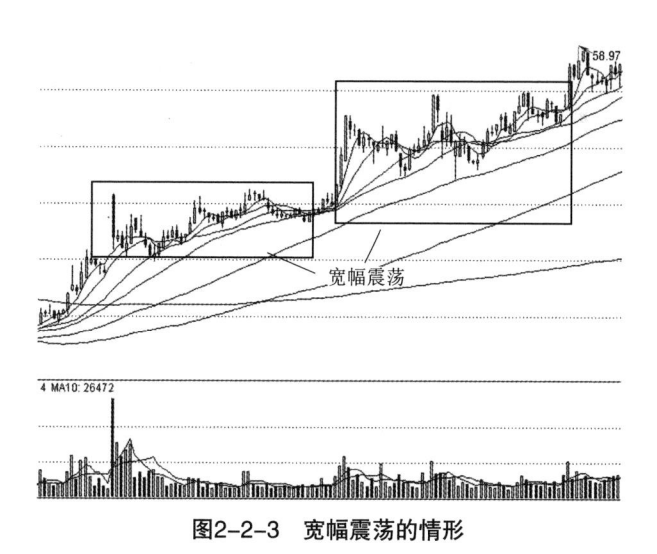

图2-2-2　旗形上涨

图2-2-3　宽幅震荡的情形

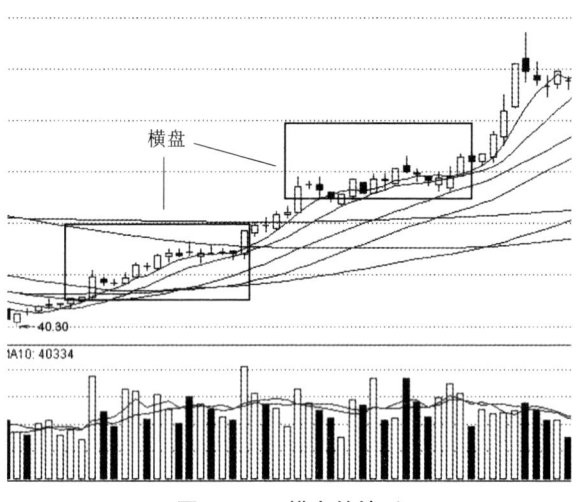

图2-2-4 横盘的情形

不管是上面哪种震荡调整，在调整的过程中，我们都会看到一个缩量的过程。当成交量缩小到某种程度的时候，K线图的形态被完全修复，然后再起升势。

这个过程，就是所谓的旗形上涨的过程。上面我们以技术图形的角度观察了这个过程。接下来，我们换一个视角，从资金切入的角度来理解这个过程。

我们首先来看为什么会有一个量缩价跌、缩量调整的过程。

因为在第一阶段趋势上涨的过程中，市场参与者被不断集中到这只个股上。这只个股受到市场参与者的青睐，大家一窝蜂地去买，所以出现量增价升的情形。当放量达到某种极致的程度，就说明追涨的人在这个瞬间达到极大值。

随着时间的推移，过了这个成交量达到极大值的时点，追涨的人就变少了。为什么追涨的人会变少？因为价格已经涨了一大截，热情追涨的人已经买得差不多了，再买的性价比也变小了。卖出的力量相对于买入的力量而言，开始变得有些压力。这个时候就出现了调整。但因为在长周期上看，价格向上的格局已经被打开，受益于价格向上运行的趋势，卖出的人比较温和，追着向下卖的人也比较少，这就形成了一种自然回落的状态。

而在这种自然回落的过程中，卖出的人是一种什么样的状态呢？大多数是那些在底部买了以后，在这个位置选择获利了结的。因为这些人在卖出，而股票是现货，有卖出必然对应买入，所以大家在这里的平均持仓成本会高一些。这里的平均持仓成本会高到什么程度呢？随着持仓成本低的人越来越少，当前价格带来的收益变得非常低，平均持仓成本就会提高到这种程度。

所以，这是一个动态再平衡的过程，随着大家的平均持仓成本提高，价格在这个区间附近重新被大家认同。

在第一章中，我们提到过，成交金额的大小代表了市场中价格分歧的程度。随着逢低买入的人逐步开始逢高了结，逐步获利回吐，整个量价的配合关系也从原先的放量上涨变成缩量整理。直至缩量整理完毕，慢慢地又有一些新的资金进来，开始重新买入。

上面，我们从市场资金的思维模式来思考"顺大势、逆小势"的过程。大家也可以试着从这个角度出发，来思考类似的过程。

同样，量增价跌的向下趋势运动之后，也会有一个缩量整理的过程。整个缩量整理的过程，仍然是量价背离的。我们结合例图来观察。图2-2-5中，在连续五个交易日大幅度杀跌之后，在第六个交易日依然是放量的，但是第七、第八个交易日开始出现明显的缩量，第九个交易日开始出现放量的宽幅震荡，之后就是一路缩量，直到8月16日缩量到了某种极致。也就是说，在缩量整理了10个交易日之后，日成交金额从原来放量末端150亿元左右降到47亿元左右。而在缩量震荡的过程中，价格已经不再下跌了。这个时候，缩量整理完毕。第二个交易日又出现了放量下跌，成交金额从原先的47.7亿元放大到了100亿元，并且当天收了一个4%左右的大阴线。第二个交易日仍然放量，成交金额达到97.0亿。第三个交易日略有缩量，但缩量程度明显是不够的。而再下一个交易日，成交金额达到178亿元，达到这轮调整的最大成交金额，但价格的跌幅只有4.6%。所以，这又是一个从量价配合到量价背离、缩量调整的过程。在这个缩量调整的过程中，从整理到末端，又来了一次杀跌，杀跌的时候又出现了放量。这个过程的前后两端是量价配合，中间出现了量价背离。这种趋势结构从量价关系上去理解，相对来讲更单纯一些。

前期的量价配合导致加速下跌，后边的量价背离对下跌的这一段趋势进行修复和整理。只不过，下跌之后的修复和整理会显得比上涨之后的修复和整理弱一些。因为上涨的过程中出现的修复和整理是有向下回落的，而下跌过程中，正常的修

图2-2-5 下跌过程中的缩量调整

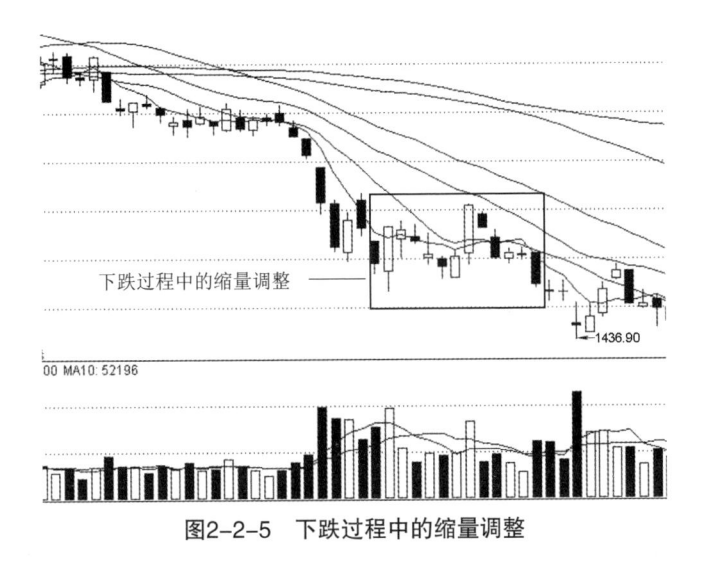

复是要有向上反弹的。但大家对于价格向下会感到恐惧，面对抛压慌不择路，从而产生一种急促感，导致反弹的过程很短。

而一旦缩量整理到位、再次重新放量的时候，价格会非常容易突破原先的整理平台。相对于上涨来讲，这种下跌趋势的速度可能会显得更快（图2-2-6）。这也是上涨和下跌截然不同的地方。

大家可以体会一下上面的两种具体情形。通常情况下，量价配合是一个趋势运动的过程。在趋势运动之后，紧接着就会有一个量价背离的阶段。这个量价背离往往是针对前期趋势运动的一个整理，这种整理有可能是回落（趋势上涨之后），有可能是反弹（趋势下跌之后），有可能是区间震荡，也有可能是宽幅震荡，甚至有可能是横盘震荡。这种整理大概率是一个缩量

图2-2-6　凌厉的下跌趋势

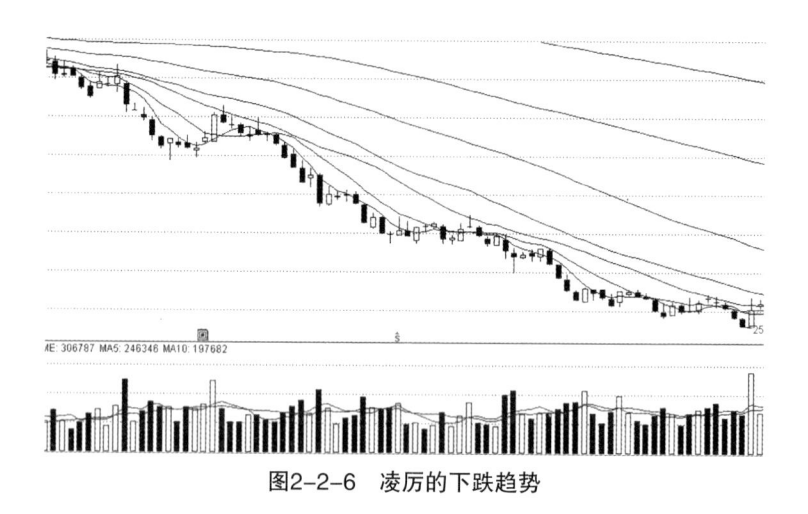

过程，在缩量达到末端时结束，因为这个过程本身就是量价背离带来的。

这个整理过程结束之后，如果前期的趋势仍然比较强大，仍然有趋势的主导力量存在，就很容易再次通过放量，使价格按照原来的趋势运行（图2-2-6）。具体来说：原来价格是趋势上涨的，在缩量回调之后，再放量继续呈现涨势的概率更大一些；原来价格是趋势下跌的，再放量则呈现跌势的概率更大一些。在这个过程中，我们要认认真真地去体会所谓的"顺大势，逆小势"。在下一章中，我们会详细地描述"逆小势"，尤其是"逆小势"的时机在哪里。

除了上面的量价背离情形，我们还会经常看到另外一种情形：量增但价不涨，或者量缩但价不跌。这也属于上面讲到的量价背离，也是趋势运动之后的整理。这样的量价背离，可以看图 2-2-7 和图 2-2-8。

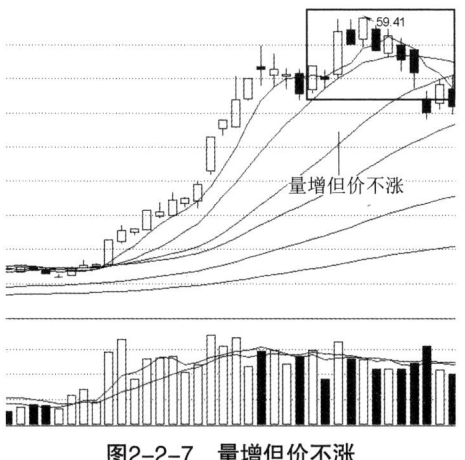

图2-2-7 量增但价不涨

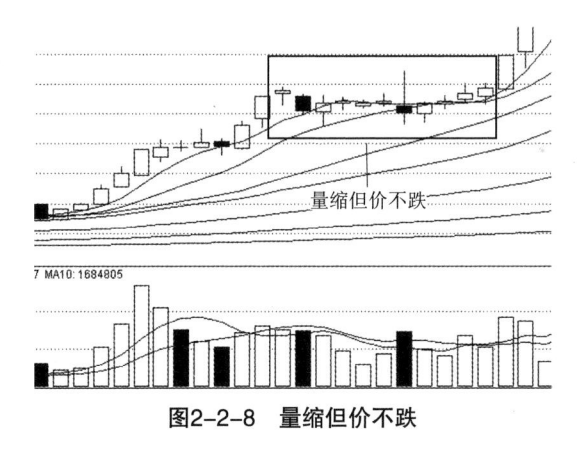

图2-2-8 量缩但价不跌

前面我们讲到的量价背离都是缩量，但价格在运动。而现在我们讲到的这种量价背离是放量，但价格不运动。这种放量但不运动的量价背离，往往意味着之前的运动方向已经到了尽头。

举个例子来说明。我们可以假想一种冲锋的状态。很多时候，股市中的多空双方像在打仗一样。多头雄赳赳气昂昂，挥舞着旗子，吹着冲锋号向前冲，声势浩大，扑上来的人很多，然而只往前冲了50米，这说明什么？说明他们要么遭遇了顽强抵抗，要么就是在演戏。成交量是做不了假的。所以，我们只能认为多头遭遇了非常顽强的抵抗。

这里有一个动态过程。如果先出现量价配合（以上涨为例），然后出现量增价不涨，那就意味着上涨趋势接近结束。这种状态并不是以缩量为标识，而是以放量但价格不动为标识。即便放量，原有的趋势也无法展开。

通常情况下，我们需要结合其他指标或图形来辅助识别趋势是否结束。这个时候往往可以结合MACD（异同移动平均线）背离、KD指标（或KDJ指标，即随机指标）、K线顶底形态等。在本书的附录中，我会列出MACD背离和KD指标来供大家参考，K线顶底形态也会在后面的章节中详细介绍。

下面我们结合图2-2-9来观察。我们能看到量增价涨一段时间后，随着价格上涨加速，形成了最大的一根大阳线，成交金额达到了1800亿元左右，这个成交金额也是近期最大的。再往后看，虽然成交金额也很大，但价格已经不往上走了，这就是已经出现了量价背离。在这个量价背离之后，紧接着又出现了缩量，价格出现回调。这个运动过程是从量增价升到量增价不升，再到缩量下跌，只不过变动的幅度相对来讲比较小。

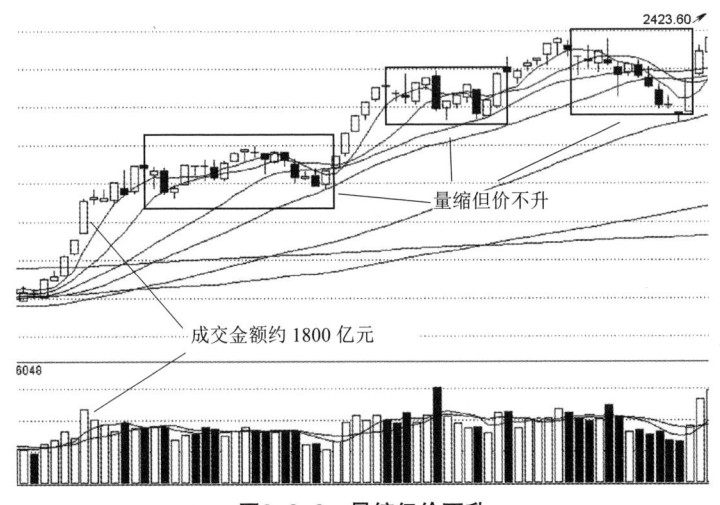

图2-2-9 量缩但价不升

我们继续看图2-2-9中的量价背离过程。这是从量增价不升到量缩价跌的过程。量增价不升的出现往往预示着价格要展开调整。量缩价跌接近尾声，也就预示着调整接近尾声。

那么，两种背离的情形都会出现吗？未必。有时可能只出现一种背离，也有时候两种背离都会出现。还是以上涨为例。有些时候，涨势冲起来，然后直接缩量下来，这就是只出现量缩价跌这种量价背离的情形。这种情形的头部就出现一个A字形。

如果是放量起涨势，随后出现量增价不升的情形，往往都会形成圆弧顶。这种圆弧顶的出现，相对来讲意味着后市的杀伤力可能会更强，甚至是完全扭转之前趋势的力量。在出现量增价不升这种量价背离之后，如果震荡很久，然后再向下杀，往往意味着不只回调一点点，有可能整个涨幅全部被抹平。这就是"放量不涨该看跌"这句股谚的由来。

三、量价震荡

上面我们探讨了量价配合和量价背离这两个不同的阶段，这两个阶段交替出现。我们可以用周期往返去思考这样的过程。然而，现实的量价关系往往会更为复杂。在现实的量价关系中，除了量价配合和量价背离，还有第三种。这种量价关系表现为量的缩放和价的波动均呈现无序状态。这种无序通常出现在整个股价运行中的长时间整理阶段。因为短周期的整理阶段可能是针对前期的趋势运动在做整理，因此过程中往往更容易呈现量价背离。但如果是一个非常长的时间段的整理运动，就更容易出现量价无序的过程。在这个量价无序的过程中，我们几乎看不到量增价涨、量增价跌，量与价之间的关系会特别模糊或者说特别不确定。这样的过程，我们也称为"量价震荡"。

这种量价震荡的区间，往往要维持一两年。在这一两年的时间区间里，我们能够看到一个非常典型的现象：有时候放量涨，有时候放量不涨，有时候缩量涨，有时候缩量又噼里啪啦地往下掉，这种量价关系模糊的情形很多。同时，整个价格波动的区间相对比较宽，成交金额最大和最小的能相差

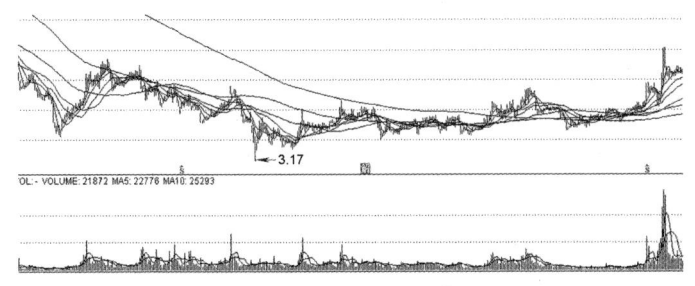

近 10 倍（图 2-2-10）。

图2-2-10 量价震荡

面对这种状态，短线交易者往往是不应该参与的，长线交易者要密切观察这种个股的基本面变化。这种量价无序的时间越久，将来可能出现的趋势运动就会越长。同时，在 K 线组合上，这样的图形往往要经历漫长的下跌、长期的底部震荡，成交量逐步缩小，逐步形成圆弧底。

所以，一旦出现量价震荡这种格局，其最终的结果可能是缩量到极致之后，随时摆脱这种量价无序的状态，从而快速演变为量价配合。所以，成交金额跌无可跌、少无可少的时候，行情可能就是一触即发的。此时，我们无非是思考怎么通过量价关系去更早地捕捉趋势。

在讲解了量价关系的三种模式，以及对这三种模式背后的资金意图进行了一些浅显的解析之后，我们需要再强调三个问题：发生量价背离的时间周期、量价配合的相对重要性排序和量价配合的定量。其中，最后一个问题我们单独设置一节。

四、量价背离的时间周期

首先，量价配合和量价背离是可以同时存在的，也是可以无缝衔接的。原因在于，量价配合和量价背离可能发生在不同的时间周期。同时，大、中、小三个周期的量价配合或者量价背离状态也可能是不同的。比如，在大周期上是量价配合的状态，而在中周期上是量价背离的状态。

这种现象很容易出现。因为在不同周期中，量和价的反应是不一样的。在不同的周期中，参与的资金主体是不一样的。长周期通常表达得比较慢，即便有量价背离，可能也来得比较晚。但是在小周期中，量价背离可能会经常出现。

同时，交易原理告诉我们：越是小周期的量价背离，越是不那么可靠；越是大周期的量价背离，相对而言越是可靠。

举个例子。比如，在大周期中，如果连续一个月都是量增价不涨，那大概率是要下跌了。如果只有一分钟K线上出现量增价不涨，这个图形会出现下跌吗？未必，有可能只是买卖双方在这一分钟内胶着。这里，买卖双方的胶着可以在一分钟内，但不太可能维持一个月。买卖双方的胶着状态如果长时间维持，一定会大大消耗其中某一方的力量，从而之前的趋势运动很可能就此打住了。然而，在小周期上，买卖双方的胶着维持的时间短，对某一方的力量消耗弱，而且随时可能有新的力量加入某一方，从而导致小周期的量价背离不太可靠，也不太敏感。而在大周期中，量价背离一定属于非常敏感的信号之一。

五、量价背离的相对重要性排序

在量价配合中，我们要理解相对重要性排序的概念。面对一个技术图形，我们会判断是上涨的概率大还是下跌的概率大，是上涨的力量足还是下跌的力量足。在K线组合中，我们只需要根据放量的阳线多还是放量的阴线多去做定性分析，根据中周期向上还是中周期缩量调整去做定量分析。

所以，面对一个价格波动周期，我们要判断这个阶段究竟量价配合更重要，还是量价不配合更重要，在哪个周期中重要，在哪个周期中不重要。这需要我们多因素去分析和认定。

我们结合具体的场景来看。比如，5分钟K线图（小周期）中连续出现阳线，这些阳线都是放量的，然而在日K线（中周期）中是缩量收敛到位的。这时候，往往这个位置就是日K线（中周期）缩量调整结束的标识。这其实已经解答了所谓的在"顺大势，逆小势"中，如何在这个"小势"中找到一个合适的切入时机。

另外一种情形是，大周期量价配合，中周期量价背离，缩量。比如，中周期K线是缩量下跌的，而在更小的周期里看到了量价配合，放量向上。这个位置就是一个性价比比较好的回踩切入的位置。这也是我们三周期交易法中，对于二踩图的核心运用之一。

所以，我们在理解量价关系的时候，要对这个阶段的量价关系做重要性排序。要厘清是中周期上的量价关系重要，还是小周期上的量价关系重要。每一个周期上，不同的量价关系表现要与你的操作思路相互对应。因为只有对这些重要性进行排序，你才能够表达操作意图。

第三节　量价关系的定量分析

前面讲的内容基本上侧重于定性分析，但是量价配合有时候也需要一些更加精确的计算。在这里，我们给出几个量价关系之间的精确计算方法。

首先来看单位价格波动量的计算。什么是单位价格波动量？总成交金额除以趋势运动中的价格波动区间可以得出一个比值，这个比值我们可以简单地认为是单位价格波动需要的成交金额。

举个例子。一只个股的股价在10个交易日的时间从10元涨到了12元，而这10个交易日的成交金额是20亿元，价格涨幅是2元。这里，我们就可以用20亿元除以2元，得出的结果是10亿。

这里的10亿，也可以对应到1分钱上。1元等于100分，用10亿除以100就得出1000万。这里1000万的含义就是每1000万元的成交金额可以把价格推升1分。这就是单位价格上涨所需的成交金额，我们称之为单位价格波动量。

如果价格维持涨势，而单位价格波动量从1000万变成了1800万，这说明什么？

这种情形虽然还没出现所谓的量增价不涨的背离，但我们已经可以明显感受到，现在要维持这样的运动趋势变得比之前更艰难了。这里的"更艰难"是一种边际力量削弱的体现，是另一个层级上的背离。

前面我们提到的量价背离是一种直接体现，而这里提到的边际力量削弱的背离是相对强弱的体现。相对而言，边际力量削弱的背离是一种更为敏感的力量。或者说，这里的边际力量削弱是一种一阶导数的概念。虽然价格还是在上涨，但上涨的力量已经在变小了。通过计算单位价格波动量，我们可以提前有所警觉。这是量价关系中一种最基础的定量分析。

我们还可以针对某一个震荡区间（或某几个交易日）中的成交金额和价格波动做定量分析。

举个例子来说明。同样在一个上下 0.2 元的波动区间，原先是 2 个交易日成交 30 亿元，现在是 5 个交易日成交十七八亿元，这说明什么？这依然表明在这个区间里，向上的力量可能显得不足了。

对量价关系进行定量分析的方法多种多样、灵活多变，但归结起来，原理是一样的。大家不妨开动脑筋去思考，在哪种场合下用哪种定量分析方法去衡量量价之间的配合度。

这种配合度可能还会有各种类型的勾稽关系。比如，可以用当天最高价减去当天最低价，得出一个当天的波动幅度；用当天的成交金额除以这个波动幅度，计算一个单位价格波动量；接下来，计算这个单位价格波动量的 5 日移动平均、10 日移动平均、20 日移动平均；然后去比较这些均线之间的关系。这样的方式可以给我们进行量价配合的定量分析带来一些更好的启发。希望大家看完本章之后，也可以学会用这样的方式来提高自己的判断成功率。

在真实的交易过程中，如果你是趋势交易者，那就要熟练地去判断量价配合的过程。你判定得越早，介入得越早，能从趋势拿到的利润也就越多，收益也就越高。

如果你是翻转交易者，也就是参与逢高空逢低多这样的交易类型，那就要熟练地认定一个趋势的结束。你要去做一些判定，你越早判定，成功概率越高，相应来讲，你切入后获利的概率也就越大。

趋势交易和翻转交易是两种截然不同的操作方式，没有优劣之分，更多是根据是否适合自己的性格来选择。如果你的性子很急，更愿意认为市场永远是对的，那就应该专攻趋势交易，因此你应该尽早发现量价配合去做趋势交易。如果你的性子是怀疑一切，你的交易哲学是认为市场是错的，那你就应该去做翻转交易。你要去寻找趋势运动的末端，参与趋势结束价格回归的过程，要尽可能早地发现这个趋势末端，并且反向交易进去，这样对应的就是翻转操作。

在绝大多数时候，趋势操作是因发现量价配合要来，而翻转操作关注的不是量价背离要来，而是量价配合要结束。

第四节　利用量价关系寻找切入时机

不论趋势操作还是翻转操作，如何做到更好地切入？我们先以趋势运动来举例。在趋势运动的过程中，绝大多数人亏钱的原因不是抓不住趋势，而是切入趋势的时间太迟。

面对趋势运动，很多人都是在右侧价格波动出现以后再去追涨杀跌的，往往这个时候上涨或者下跌的趋势已经进入尾声。这时候，因为切入太迟了，性价比不太高，追进去可能刚刚赚了一点小钱，就因为了结不够果断马上开始亏钱，稍微一犹豫就亏得更多了，亏得多了又不舍得砍仓出局，从而越亏越多。虽然总有人说"市场是对的"，但似乎市场在每一个切入点都在说"你来错了"。虽然很多时候账面上有浮盈，但这些浮盈可能因为交易规则而无法兑现，也有可能因为交易体系，在符合获利了结的条件之前就变成了亏损。

这就启发我们：要想抓一个趋势，那就越早越好。而要更早地抓住趋势，不一定要在趋势运动量价配合上下功夫，在量价背离的末端就要想办法。

所以，我在讲课的时候，经常会告诉学生，你如果是一个趋势交易者，就需要了解一些翻转信号，这样才能在趋势运动上有所准备。否则，当趋势来了，你没有发现，等你发现的时候，趋势已经涨出去十万八千里了，性价比就太低了。

这里的交易原理是：虽然趋势运动是右侧交易，但我们要在右侧中尽可能靠左；而你如果想靠左，就得把触发你交易的条件向左移；要把触发交易的条件向左移，就必须对翻转的一些条件熟悉。进一步讲，不仅要对翻转的条件有所警觉，还要对量价配合的那个时点进行更加提前的预判。

在股票交易中，收益率等于概率和赔率的乘积。对于趋势交易者而言，概率相对来讲会更高一些。因为趋势已经出现，确定性更强一些，但会牺牲赔率。长期来看，趋势交易者能否在市场中生存、能否获利，并不是确定性在起作用，而是赔率在起作用。在职业生涯中，我看到的绝大多数趋势交易者，最终失败的原因并不是他们对确定性的认定不足，而是他们对于赔率的补偿不够。你得到了确定性，就要在赔率上有所牺牲，但不能牺牲太多，否则获得的确定性将变得不值一提。

所以，量价配合也好，量价背离也好，都可以应用在揭示趋势的早期或者翻转的早期。

撇开量价配合去谈翻转，撇开量价背离去谈趋势，都是不科学的。投资者既要懂量价配合，又要懂量价背离；既要知道趋势运动的末期是从量价配合走向量价背离，又要懂得翻转过程是从量价背离走向新的量价配合。

你无论是做趋势交易还是做翻转交易，都要兼顾量价背离和量价配合。否则，就会出现前面所说的，虽然趋势交易的确定性高，但赔率太差导致大幅亏损，或者翻转交易的赔率很好，但确定性差导致大幅亏损。这两个问题都是交易中常见的，也是交易实践中需要认认真真避免的。

这一讲，我们具体论述了成交量、成交价的三种关系，以及这三种关系在不同的时间周期和交易框架下的具体表现。读完这一章，我希望大家能够掌握以下几点。

第一，明白量价配合、量价背离和量价震荡的具体表现。

第二，明白在不同的时间周期、不同的交易时段，量价背离和量价配合可能会同时存在，并且从量价配合到量价背离之前的过渡可能是无缝衔接的。第三，深刻理解趋势交易者和翻转交易者对于量价关系的掌握，不存在孰先孰后，无论是哪种交易者，都要兼顾量价背离和量价配合。

第五节　问答收录

问题1

问：量价配合、量价背离、量价震荡，这三种情况应该如何应用到交易中？

答：你如果是趋势交易者，那一定要找量价配合的时段。无非是提前去想哪个位置要出现量价配合了。你如果是翻转交易者，那一定要去找量价背离的时段，多找一些背离的情形（不光是量价背离），然后在这些背离上操作。

对于量价震荡的情形，短线是不操作的。或者说，你如果是波动交易者，那就不会在这种无序波动中寻找机会。因为在这种量价无序的状态下，不管短时间出现量价背离还是短时间出现量价配合，概率都是偏低的，你会担心它很快就回到原先的震荡当中。

问题2

问：刚开始学交易，应该先学趋势交易，还是先学翻转交易？

答：趋势交易和翻转交易，各有各的做法，二者对于量价关系的关注点也不一样。我自己的心得是，做趋势类的交易会更容易一些。因为趋势交易就是发现趋势，然后跟进一下，无脑地跟。这种跟进虽不能保证你每次都赚钱，但可以让你每次都做对。如果每次都做错，那赚不赚钱无从谈起。在交易这个领域，犯一次致命错误的代价是非常高的。

所以，在趋势交易中，严格遵守交易纪律是非常重要的。只要严格遵守交易纪律，那就基本不会犯大错，即便亏损，也是交易体系以内的亏损。因此，对于趋势交易，在遵守你自己制定的交易纪律这个大前提之下，如果发现趋势，性价比又比较高，那就去跟，这是比较简单的。

当然，趋势交易中也有很多难点，这些留着后文再说。

你要学翻转交易，就得去找一些背离的情形，本质上就是在做拐点。趋势交易本质上就是趋势形成之后，在性价比高的时候往里追。判断拐点的难度肯定更大，小级别的拐点，比如日内交易的拐点，要根据翻转五要素来判断。如果是大级别的拐点，那就要把基本面、性价比、市场的情绪、获利盘有没有出清等问题都考虑进来，难度要比做趋势交易高一些。

小贴士

这里留一个小作业。大家可以打开沪深300、中证500、创业板指、中证1000这几个指数的成分股,按代码排序,逐个去找量价配合的情形、量价背离的情形。找到这些量价配合和量价背离之后,观察一下后市的价格运动状态,也看一看从量价配合到量价背离,再到出现新的量价配合的演变过程。

第三章

量价配合
在趋势判断中的运用

上一章中，我们详细讲解了量价配合、量价背离和量价震荡三种量价关系的区别和联系，以及三者之间的相互转换过程。在这一章中，我们将聚焦量价配合，着重讲解量价配合在趋势交易中的运用。

第一节　什么是趋势

一、趋势的定义

要讲解量价配合在趋势交易中的运用，首先就要定义什么是"趋势"。

我们判断趋势成立的唯一标准就是K线图高低点的变化。高点逐渐抬高，低点也在抬高，这样的过程就可以认定为上涨的趋势。高点不断下降，低点也随之下降，这样的过程就可以认定为下降趋势。所以，趋势的判断只与K线图高低点的相对位置相关，同其他要素不相关。

图3-1-1到图3-1-4分别代表下降趋势和上涨趋势。

图3-1-1　下降趋势1

图3-1-2　下降趋势2

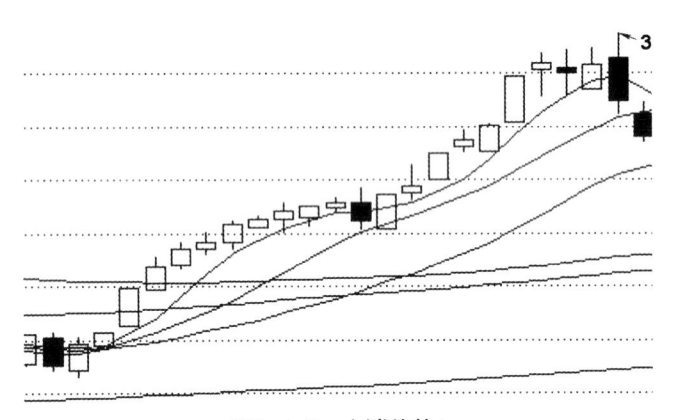

图3-1-3　上涨趋势1

图3-1-4　上涨趋势2

上面的例图可以分为两组，第一组是图3-1-1和图3-1-2，第二组是图3-1-3和图3-1-4。结合这两组例图，可以很明确地看到高低点之间呈现出规律性的变化。

下降趋势（图3-1-1和图3-1-2）高低点相对来讲逐渐变低，上涨趋势（图3-1-3和图3-1-4）高低点依次抬高。会不会在高点依次抬高了之后，出现低点不停往下走这种情形？会。这种情形，我们通常认为是喇叭口。这种喇叭口不被归类在趋势行情中，而是被定义为震荡行情。

二、趋势的强弱

仅仅判定趋势是不够的，趋势的形式是多种多样的。我们可以通过一些明确的标准把所有趋势分为强趋势和弱趋势。最典型、最简单的判断依据就是趋势的斜率。

所谓斜率就是单位时间长度中的平均上涨幅度。在图3-1-5中，我们看到的是一个缓慢的、斜率不高的上涨趋势，虽然高点和低点都在抬高，但是相对来讲比较缓和，呈现的是进二退一的走势。对于想要切入的投资者来讲，切入的时机也更容易掌握。这样的趋势给参与者的反应时间比较充裕。

图3-1-5　温和趋势

再看图3-1-6，我们看到在下跌的初期，斜率是比较大的。我们可以认为，在早期下跌的过程中，斜率非常大，速度很快。随后经过一段时间的整理，又出现这种异常快的下跌。

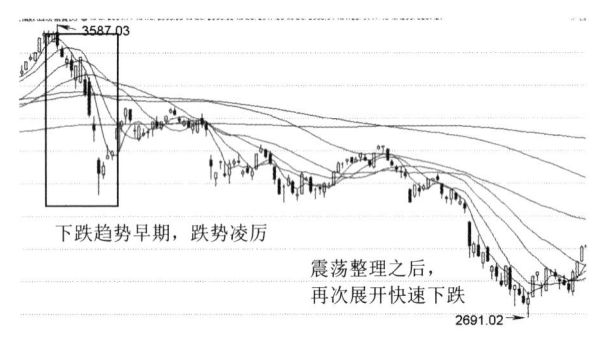

图3-1-6　下跌趋势早期跌势

一般来讲，下跌走势中的这些趋势通常要比上涨走势略陡一些，斜率要更大一点。这也充分说明了涨是慢慢地涨，而跌的时候是快速地跌。

下跌趋势中有没有斜率比较低的情形呢？下跌的时候也会有一些低斜率的结构，但更为常见的是非常复杂的圆弧底，或者多重底，并且叠加大段时间的阴跌，这种复合形成的走势。面对这种复合结构，如果从单个趋势去分析往往会有片面性。更多的时候，是"阴跌—加速—震荡整理—小反弹—阴跌—震荡整理—加速"这种波动模式。

然而，对于上涨趋势，是不是趋势越陡峭越好呢？未必。图 3-1-7 是上证指数在 2014 年 7 月之后大牛市的行情中形成的上涨趋势图。从上涨的早期（2014 年 7 月底）一直到 2014 年 11 月，整个指数的图形上涨趋势非常缓慢，走势呈现出明显的先涨一波、再整盘一阵、再涨一波，或者回调一阵、涨一波、再回调、再上涨的走势。在这个过程中，我们看到成交量缓缓放大，量和价是相互配合的，而到了后边就是一个非常凌厉的加速段。从 2014 年 11 月 20 日开始，日成交金额从当时的 1500 亿元左右直接放大到了 3000 亿元。上证指数最终达到 8000 亿元左右的日成交金额之后，开始出现宽幅震荡。这也就意味着在最陡峭的这一段上升趋势的末端，出现了大量的成交，并且在上升趋势的末端急加速之后，明显出现了价格的大幅波动，而不再是单边上行。

这里要注意两个时间节点。第一个时间节点是成交金额从 1500 亿元迅速放大到 3000 亿元处，这是加速段的开始。第二个

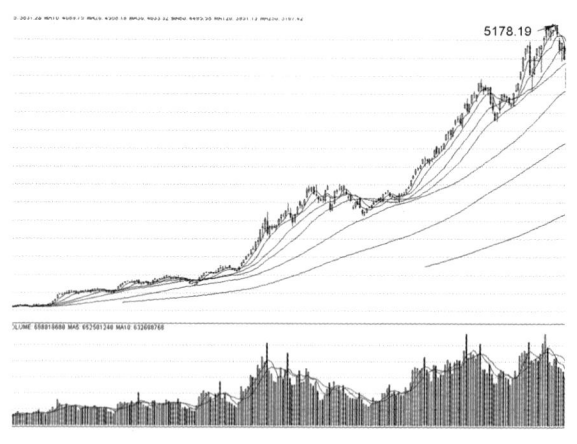

图3-1-7　上证指数2014年7月之后的上涨趋势

时间节点是在2014年12月9日，市场出现了近8000亿元的成交，随后出现了震荡行情。这个过程，我们在第一章中有详细的讲解，这里不再赘述。

在上一章中，我们提到，如果在小的分钟图结构上，向下杀跌是带量的，那就说明在小周期上明显出现了获利了结的迹象。同时，对应的中周期图形大概率会被"传染"。我们也可以看到，在2014年11月20日这个时间节点之后，整个上证指数出现了一次斜率变轨。这里要注意，我们引入了一个新概念——变轨。

什么是变轨呢？我们结合图3-1-8来观察。一开始上涨的时候，趋势斜率比较低，而随着成交量的堆积，出现了一次上涨加速，从而使趋势运行的斜率变陡峭。而在一次宽幅震荡之后，原先的斜率反而又变小了，甚至有时候上涨的趋势都没有了，变成了空中的震荡趋势。这种情形就叫变轨。变轨非常像三根折线组合成整个上涨的趋势，图3-1-9中，黑色实线就是趋势变轨的示意。

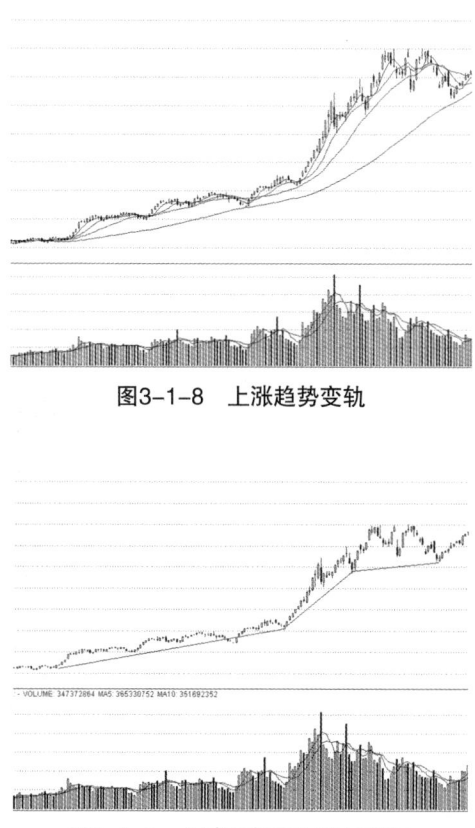

图3-1-8　上涨趋势变轨

图3-1-9　上涨趋势线变轨示意图

我们仔细看图3-1-9。在趋势的早期，上涨趋势线斜率较低，涨势比较温和。中间这个阶段是斜率非常陡的加速上涨阶段。在一次大幅放量和宽幅震荡之后，斜率又从原来的很陡峭变得平缓，甚至变成震荡向右。这实际上已经意味着整个趋势段第一个大阶段的结束。这两个时间节点恰巧都是两次上涨趋势陡峭程度变化的时间节点，同时都伴随着成交放量的现象。

两者的区别在于：第一次成交放量是一段趋势的开始，第二次成交放量是一段加速趋势的结束。这是在非常陡峭的行情中，末端经常出现的一些量价配合的现象。在这个现象中，我们也可以意识到，并不是所有的陡峭行情都是特别好的，要具体看陡峭的位置出现在哪里。

比较好的情形是在趋势的初期陡峭，在末端的陡峭则比较危险。末端陡峭的特点是，已经上涨了相当长一段时间，放出天量，形成宽幅震荡，也许伴随着阴线，并且在小周期上看到明显的抛压。

三、用均线描述趋势的强弱

要综合看趋势的判定和度量，我们可以采用的标准并不多。前面讲过，判定趋势主要依靠 K 线图的高低点。而要描述趋势的相对陡峭程度，均线的作用是不言而喻的。

因为均线可以代表一段时间的平均成交价格，所以均线陡峭与否代表了 K 线图陡峭与否。均线周期越长，敏感度越差；均线周期越短，敏感度越强。比如，5 日均线的敏感度就好于 20 日均线。均线的周期越短，其陡峭程度变化相对来讲也会越敏感。这是均线的数学原理决定的。

基于上述原因，我们引入均线作为判定趋势强弱的一个辅助条件。

当短均线在长均线之上，并且短均线偏离长均线，有加速的趋势时，则趋势一定是偏强的上涨趋势。观察图 3-1-10。在图中 K 线的早期阶段（2014 年 11 月附近），我们看到 5 日线距离 20 日线越来越远。这里，20 日线是月平均线，5 日线是周平均线。我们也能够通过观察均线的开口来描述这种趋势加速的状态。

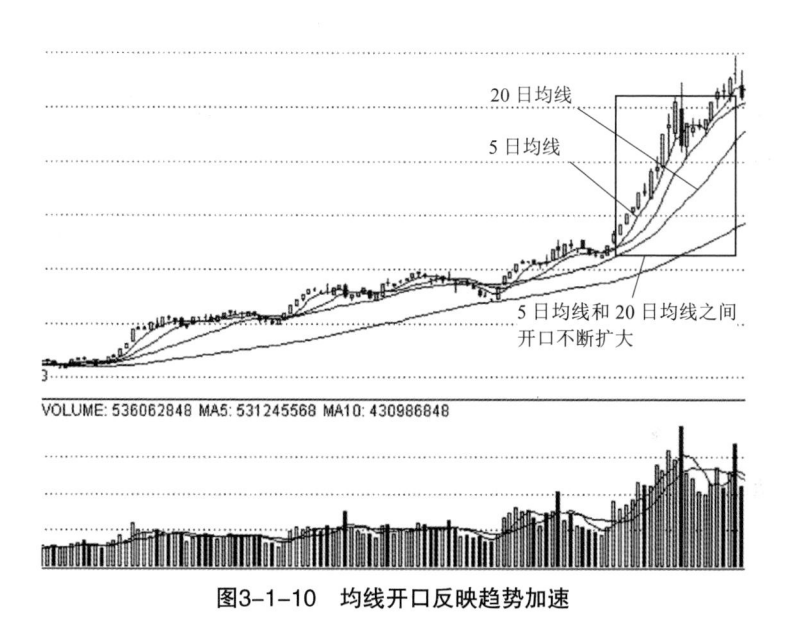

图3-1-10　均线开口反映趋势加速

第二节　趋势的形成过程

一、趋势的早期

结合上面讲解的内容，以图 3-2-1 为例，我们来详细分解一下趋势的形成过程。

在这一段上涨趋势的早期，我们要关注以下三个要素。

第一，K线图的高低点变化。

第二，均线的相对位置。

第三，量价关系以及量价关系和均线的相对位置关系。

接下来，我们结合图3-2-1，逐条讲解。

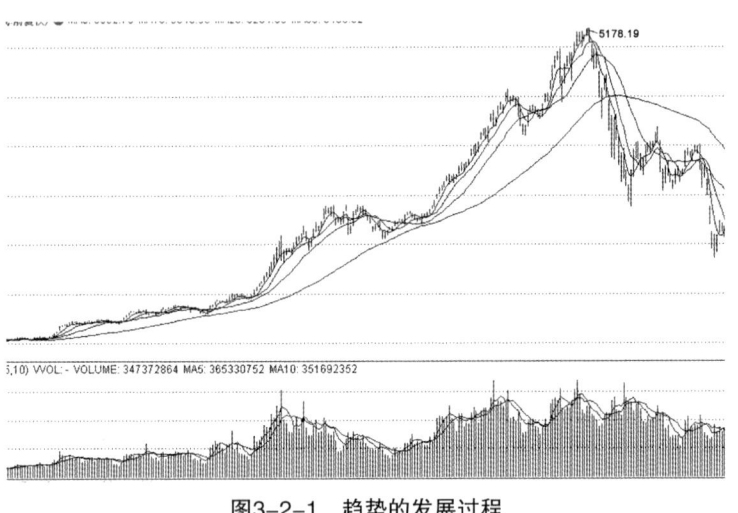

图3-2-1　趋势的发展过程

我们先来看这段趋势发生之前（图3-2-2），K线高低点的变化情况。在2014年1月末，上证指数突破2000点。从当年1月末到7月末这半年的时间里，上证指数形成的高点分别是2月的2177点、4月的2146点，以及6月的2087点。我们可以看到这些高点相隔的时间段差不太多，即时间比例大致相当，分别是 2 月 20 日、4 月 10 日，以及 6 月 16 日，基本上就是间隔两个月左右。而且高点的位置很规律：从 2177 点到 2146 点，再到 2087 点，向下的幅度并不大。而低点从 1 月末的 1984 点到 3 月中下旬的 1974 点，再到 5 月 20 日前后的 1991 点，最终到 6 月 20 日的 2010 点。我们看到的现象是，低点不停地抬高。所以，在出现较强的上涨趋势之前，经历了一次比较长时间的整理。

图3-2-2　上证指数2013年12月至2014年7月的收敛过程

而在整理的过程中，我们看到 K 线的高低点变化是低点在上升，高点在下降，这是一个什么结构？在大的 K 线组合图形里，我们把这个认定为收敛结构。在这个收敛的过程中，我们看到，在 7 月中旬的几个交易日中，长均线和短均线已经完全缠绕在一起了。这也意味着整个收敛区间已经被压缩到了非常极致的程度。

这个阶段，日成交金额偏大的时候在1000亿元左右，量小一点则在500亿元上下。这是一个长达半年的收敛区间，在这个收敛区间内完成了整个图形的整理蓄势。

对应前文我们提到的三个方面。第一个方面是高低点变化。在一个强上涨趋势之前，一般都有一个整理趋势。我们看到的现象是高点变低、低点变高的整理状态。第二个方面，是均线的位置从之前单边下跌时的空头排列变成黏合—发散—再黏合，这意味着下降趋势没有变。但这半年的整理带来的变化是所有的均线系统开始出现黏合。第三个方面是在量价配合上，我们看到了缩量甚至是缩量到极致，日成交金额不足500亿元了。最小日成交金额是480亿元，出现在5月21日。并且1月20日那天的成交金额也是480亿元，是相对非常低迷的。这个成交金额只比2012年年底创下绝对低点时的成交金额大一点，也就是说几乎相当于之前的地量。

在整理的过程中，我们看到成交金额从原先的最低不足500亿元，到了收敛的末端，慢慢地又变成了接近1000亿元。这里成交金额有一个先缩小后放大的过程。

从整体来看，我们认为大概率整理区间足够长，均线足够缠绕，高低点错落有致。这是在提示收敛区间足够窄，而成交金额缓慢放大。这就代表着可能会有突破性的行情一触即发。剩下来的就是万事俱备，只欠量价配合。以上三个要素的变化，都意味着新一轮的趋势行情可能会随时开始。而紧接着在7月22日以后，成交金额进一步放大，尤其是在7月24日当天，成交金额放大到1287亿元,并且当天最高价涨到了2107点。

2107点是什么概念?是突破前一个临近高点(2087点)。也就是说,前期收敛区间中的高点变低的趋势被突破了。而这个突破是需要显著的推动力量的。这个力量来自成交量的迅速放大。成交金额在突破之前还不足1000亿元,紧接着是1067亿元,然后就是1287亿元,再往后是1114亿元。在7月28日又一次加速,成交金额达到1804亿元。所以,在这个过程中,我们看到的现象是,这个长达半年的收敛区间就是用最简单的放量上行的方式来突破的。而这个放量上行以7月28日成交金额超过1800亿元、涨幅2.4%的大阳线作为标识。

实际上,在两天前(7月24日),指数突破年线的位置时就已经确立突破了。因为年线的位置恰巧也是前一次高点的位置(2087点附近)。这根大阳线无论是从成交金额上还是从均线系统上,都带来了非常深刻的变化。下面,我们来详细讲解一下这个过程。

首先,从成交金额上看,原来在五六百亿元这个范围里,而在突破之后,扩大到了之前的三倍。其次,从均线系统上看,5日均线的位置高高扬起,同时迅速摆脱10日、20日甚至年线,从而形成多头排列。

这是在收敛图的末端,如果要走出趋势行情,一般来讲成交金额会放大,作为一个推动性的力量。

那这种推动性的力量究竟是来自市场自身,还是来自市场的外部?

绝大多数时候，市场自身做好了一切准备，而外部有一个明确的基本面信号。或者说，要有基本面的因素来触发市场内部的力量发挥作用。外部力量跟内部力量同时起作用，才会出现这种势如破竹的趋势行情。这是趋势行情的触发阶段，也是趋势行情的早期。

这个趋势确立之后，我们看到的现象是什么？

整个市场可能会出现一定程度的缩量。比如成交金额从最高的 1800 亿元变成了 1300 亿元上下，横盘时长接近一个月，然后又连着三四个交易日的缩量整理；在整理过程中，成交金额又回到了 1000 亿元出头。这个过程，就是一个量价背离的过程。这个过程实际上在第一个阶段触发之后经常会出现，因为市场一边涨一边要确认一些东西。

这里，我们可以想象一下，在整个上涨的时期，市场的整体情绪会出现一种什么样的共振效应？

刚开始，价格一直在一个越来越窄的收敛区间里。大家都盯着这个收敛区间。而随着时间的推移，市场要从量变走向质变，大家都在等着外边有人"打第一枪"。当第一枪打响时，有资金进入，成交金额迅速放大，在场内时刻关注市场动向的人也开始愿意追加投资。因此，这个时候会形成突破。而完成突破之后，市场中就会有人愿意去获利了结。这里，获利了结就是卖出的压力。而这个时候还会有人不断地进来，也有人陆续地退出，这些人之间的分歧是比较大的，所以成交金额在持续放量。过了一阵，愿意卖出的人可能也越来越少了，这个时候如果没有重新形成带有确定性的向上力量,可能就会出现缩量的小回落。

这种缩量的回落一旦回落到某个关键性的均线附近的时候(图 3-2-3 中上证指数关键均线是 20 日均线和 30 日均线,2014 年 8 月 28 日回调至 30 日均线),这个位置恰好就是长阳线突破位置的上沿(图 3-2-4,上证指数 2014 年 7 月 28 日)。像这种关键性突破的位置,重新有力量持续买入,从而就形成了下一轮向上持续突破的力量。而这一次调整恰好就形成了突破之后的第一个低点。如果后边同样也是如此放量,就产生了新一轮大涨。大家可以在行情软件上看一看这段 K 线(上证指数 2014 年 9 月 2 日),放量也是 1800 亿元左右。这一段涨幅的末端又开始缩量,甚至缩到了 1100 亿元左右。从这段 K 线上,我们看到的量价关系非常明确。

图3-2-3　回调至重要均线附近

图3-2-4　上证指数2014年2月到9月，突破，回调，再反弹

前文讲到，上证指数在 2014 年 9 月 2 日再次突破之后，10 月 16 日再次回调。这次回调是缩量调整到 60 日均线(图 3-2-5，图中是 60 日均线)。

图3-2-5　上证指数2014年10月16日起回调，10月27日回调至60日均线

上证指数在回调到 60 日均线后，紧接着又出现了一根放量的大阳线。这次放量，成交金额达到 2200 亿元这个水平。

整个波动过程，像是一波一波的冲击。在每一波冲击的过程中，向上冲击的时候在放量，冲击之后缩量向下调整；整理到关键均线之后，就再次放量向上冲击。

在整个市场不断形成这种冲击、整理、再冲击、再整理的过程中，成交金额的水平在不停放大。这个冲击的过程持续到 11 月中旬。当时的缩量整理，成交金额已经达到 1500 亿元左右了。这就标志着第一个阶段上涨趋势已经完全形成（图 3-2-6）。

图 3-2-6　趋势从形成到完成

那么，后面还会不会沿着这样的节奏继续上涨呢？

有可能会，但是上涨节奏跟前期的收敛整理区间原理一样。此时，上证指数已经做好了加速的准备，所有的内因已经全部到位，只差外部力量的配合。前面讲过，外部力量的配合有赖于内部力量推动指数形成量价配合,这里不再赘述。

在这个阶段,我们看到的现象是最初的量价配合形成的上涨趋势完全确立。我们甚至可以很轻松地找到两三个高低点,从而对上涨趋势进行判定。同时,因为是在上涨趋势的早期,上涨的速度(可以看斜率)并不快,但市场在这个时候已经做好了向上急加速的准备。从某种意义上来讲,我们如果仔细观察,会发现第一波上涨趋势的早期与此前长达半年的整理区间相比,在图形结构上非常相似。如果把上涨早期的图形沿着顺时针方向向下旋转15~20度,会得到一个跟之前收敛区间非常相似的形态(图3-2-7、图3-2-8和图3-2-9)。

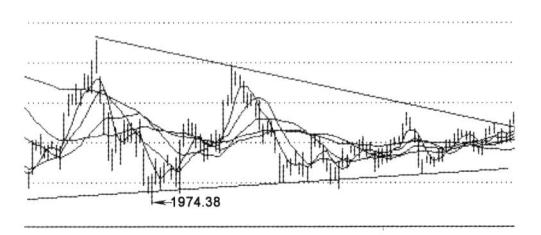

图3-2-7　形成趋势前的收敛整理

图3-2-8　趋势早期的低斜率上涨

图3-2-9 趋势早期的低斜率上涨顺时针旋转15~20度

由此，我们已经能够理解收敛和低斜率上涨趋势其实是同一种形态类型。而两者之所以在表现形式上有所区别，是因为收敛阶段向上的力量尚且不足，无法推动高点上移，而在低斜率的上涨趋势中，上涨力量足够推动高点上移。

也就是说，向右收敛整理、上升收敛三角甚至二踩图的本质都是相同的。这三大类图形的区别，仅仅是上涨趋势的斜率不同：向右收敛整理的上涨斜率为0，上升收敛三角的上涨斜率大于向右收敛整理，而二踩图的上涨斜率大于上升收敛三角。

二、趋势的加速段

上面详细介绍了趋势如何形成，以及趋势的早期形态。接下来，我们一起看看趋势如何加速。

我们看图 3-2-10。

在 2014 年 11 月 20 日，整个趋势为之一变，节奏骤然加快，一连出现了 7 根阳线，而且每根阳线对应的成交金额都在迅速放大。其中第二根阳线是出现在当时阶段新高的一根 K 线（2014 年 11 月 24 日），这一天的成交金额从原先接近 2000 亿元直接放

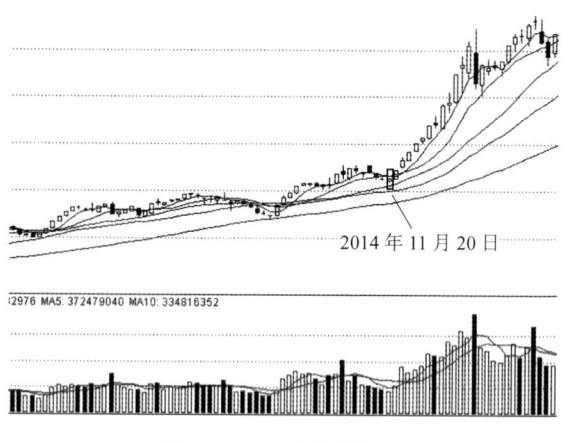

图3-2-10 趋势的加速

量到了3300亿元。这根放量阳线具备非常显著的标志性。

这里的显著标志性，体现在两个方面。

第一是这天的成交金额几乎大于此前每一天。3300亿元的成交金额在这一阶段只出现过两次：一次是3313亿元，而那天（2014年11月11日）实际上是一个震荡行情，所以之后我们看到的是震荡整理；另一次就是11月24日出现阶段新高的这一次。也就是说，在量已经放大但还没有放大到极端情形的时候，已经出现了涨幅1.85%的阶段性新高，这就是确立上涨的标识。此后，我们看到的现象就是成交金额维持在3000亿元左右，甚至慢慢地从3000亿元的水平放大到了4000亿元、5000亿元乃至6000亿元的水平。

短短10个交易日，指数上涨的节奏非常快，从原先的2500点涨到3000点以上，上涨了20%，成交金额从原先的

1500亿元上下放大到了6000亿元的水平，这就是趋势的加速段。趋势的加速段中，最显著的特征是成交量迅速放大，甚至放大到了原先的3~5倍。如果是个股，成交金额的放大倍数将更高。大家可以结合图3-2-10进行观察。

第二是在很短的时间内就产生了相对比较大的涨幅。在趋势的加速段可以看到趋势上涨的斜率瞬间变得很大。我们在图3-2-11上可以很明显地看到，趋势的斜率在2014年11月24日之后明显大于11月24日之前。

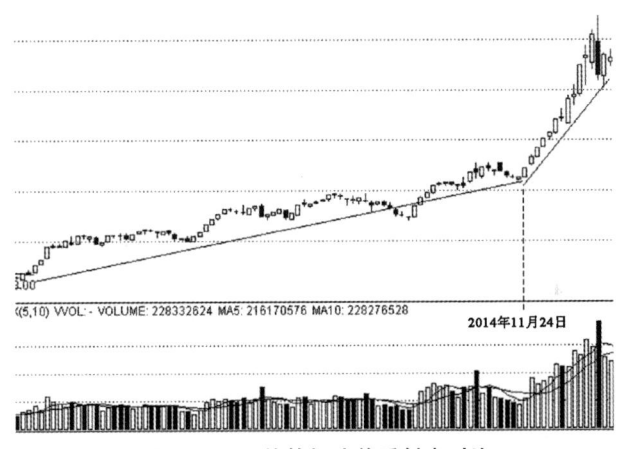

图3-2-11 趋势加速前后斜率对比

在均线上也能看到趋势加速的迹象（图3-2-12）。在均线结构上，我们看到5日均线、30日均线、60日均线之间的距离越拉越远。这个时候往往就会出现调整需求。大家可以想一想原因。因为获利的人太多，很可能会有一次集中兑现获利。出现这种集中兑现，大概率就会改变市场的运行节奏。

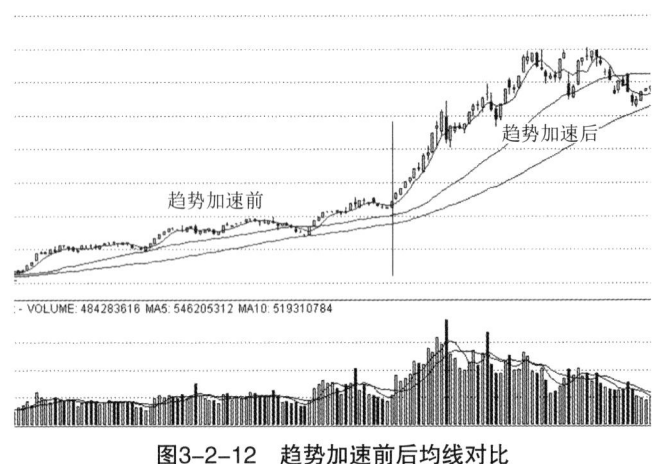

图3-2-12　趋势加速前后均线对比

所以，我们看到在2014年12月9日这一天，这一轮加速之后，又出现了一根具备标志性意义的放量K线。12月9日这一天成交金额接近8000亿元，而当天指数跌幅达到了5.43%。这里出现了一个量增价跌的转势。这么大的成交金额、这么大的跌幅，往往意味着上升加速段的末端。

从图3-2-12中也可以看到，在12月9日之后，价格展开了调整。虽然10个交易日之后又走出新高，但紧接着又出现了两根调整K线。所以，从12月开始，整个指数的运行节奏就从原先的单边加速上行变成了犬牙交错、上蹿下跳。这往往也意味着赚钱最轻松的一段加速行情已经结束。

加速行情结束的标识并非后边的犬牙交错，而是12月9日那天的放量阴线。当然，在实践中，跌幅也不必达到 5% 那么多，重点是放了那么大的量但价格并没有涨，就意味着这段加速行情结束了。

大家可以想想背后的原理是什么。这跟情绪的形成有着密切的关系。

当价格单边上涨的时候，很多人都担心自己买不到，于是主动买入的人更多。这就像 10 个人抢 9 个凳子，虽然事实上只缺一个凳子，但每个人都觉得自己缺一个凳子，从而形成了急剧向上的情绪螺旋；而一旦有人开始兑现，就好比 10 个抢凳子的人里，突然有一个人不抢了，这时候剩下的 9 个人马上就会意识到，现在每个人都有凳子了。当每个人都有一个凳子的时候会发生什么？剩下的 9 个人都不抢凳子了，这时候，急剧向上的情绪螺旋就会戛然而止，甚至会反向向下。因为会有人觉得自己不够理智，会有人怀疑自己为什么这时候要玩命抢凳子，毕竟有人退出了，这个退出的人一定是有道理的，"来，再给你们几个凳子"。

在情绪的推动下，买卖力量对比发生了一些非常敏感的边际改变。所以，判断加速末端的核心不是犬牙交错，而是加速已经持续了相当长一段时间，已经形成了相当大的涨幅，并且放量已经达到足够的倍数，这时再出现大幅放量的震荡线，才意味着趋势加速的结束。图 3-2-13 和 3-2-14 都是典型的趋势加速尾声。

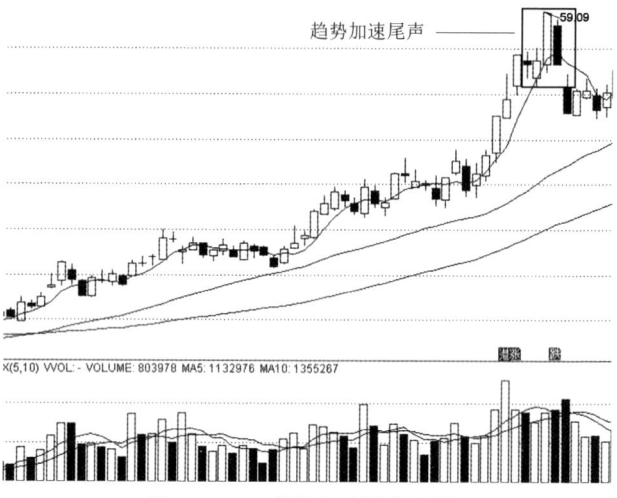

图3-2-13　趋势加速尾声例图1

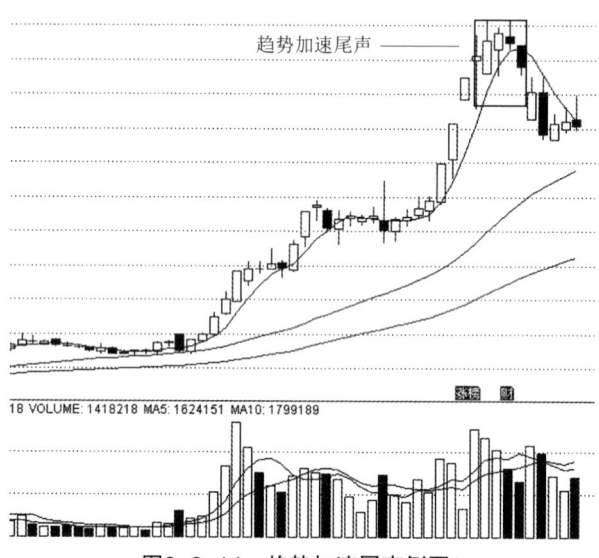

图3-2-14　趋势加速尾声例图2

三、加速之后的整理

在趋势加速结束之后，我们看到量价关系出现了变化。比如图3-2-15中，在2014年12月10日开始的新一轮上涨里，我们看到上涨放量并不大，甚至有一天是缩量的，但指数仍然在涨。再比如2014年12月25日这一天，成交金额只有不到4000亿元，但却出现一根涨了百分之三点几的大阳线；到12月26日，成交金额为4800亿元，略微放量，但跟前面趋势加速时的成交金额相比仍然是偏小的。再往后看，到了2015年1月5日，甚至出现了缩量上涨。这种现象，其实在第二章中已经提到，是典型的从量价配合转换到了量价背离。这也就意味上涨趋势在整体上（而不仅仅是趋势加速段）已接近尾声。

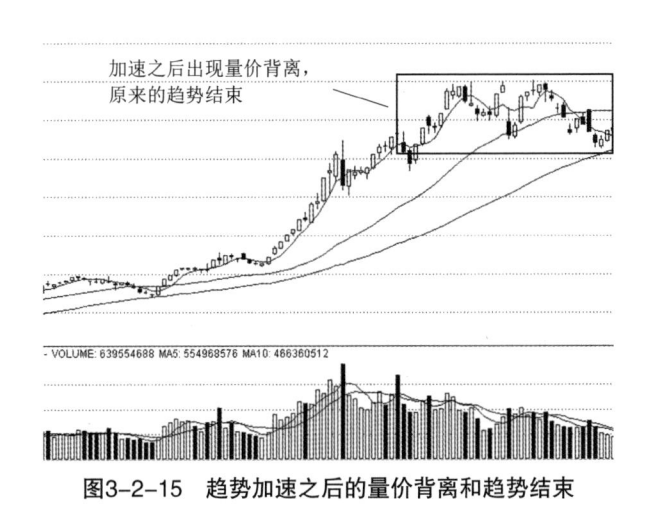

图3-2-15 趋势加速之后的量价背离和趋势结束

在上面的过程中，我们还看到了什么现象？

调整的时候是缩量的，上涨的时候也是缩量的。在这个缩量过程中，有震荡，有上蹿下跳，也有一些不规则的量价关系。这也说明此前的量价配合已经不复存在了，从而也标志着此前上涨趋势的结束。

在趋势结束的位置，可能会进行整理，形成收敛图，整理完毕再上涨；也有可能在震荡整理之后向下调整，寻求新的支撑；更有可能形成宽幅震荡之后，不断地向上试探，又向下试探，试图寻找阻力更小的方向。而究竟是哪个方向，有赖于整理阶段中量价配合的一些具体变化。比如，出现了放量不涨的量价背离，大概率这一波行情已经彻底结束了，后边可能会调整得比较深。再比如，形成了缩量调整，在调整结束之后，有可能出现向上的行情，毕竟前期的上涨趋势对市场参与者的影响仍然存在。

而在整理阶段，我们需要密切关注 K 线运行过程中，究竟是持续放量还是相对缩量。如果是持续放量，后市就不应该过分乐观，甚至要偏谨慎一些。

道理很简单。

第一，不停地放量是在消耗市场的内生动力，量越足，消耗就越大，再次形成向上的合力就会变得更困难。第二，市场一直在高位放量，就意味着兑现的人特别多，套牢的人也会很多，抛压重，外边追涨的人又心有余悸，这样就非常容易形成阶段性头部。第三，从市场外部资金的视角看，持续放量意味着在外部资金不断流入的同时，价格并没有形成新的高点，市场进入了一种非常危险的状态。这种状态是大家都看多，但是手上都没钱，钱都变成了筹码。这个时候就意味着后期推动市场持续向上的力量已经没有了，这是放量背离（放量但不涨）的情形。

缩量背离（缩量回调），对参与者而言是好事。这跟前期的收敛整理趋势一样。因为量缩得比较小，就代表筹码锁定良好，也往往意味着大家在这个位置分歧并不太严重，在等待新一轮的做多契机。这里的做多契机可能是基本面的，可能是资金面的，也可能是实打实的消息落地。

不论大家在等待哪种契机，当这些外部因素触发的时候，因为前期缩量，损耗少，保留了自己的力量，就更容易重新形成向上的合力。这是我们推导整个一段上涨趋势是否结束的核心要素。

在趋势行情的演变过程中，我们要了解以下内容。

四、"坐庄"已被时代抛弃

二级市场中始终存在所谓的"坐庄理论"。这种"坐庄理论"已经不再适合当下的市场环境。

在2004年以前，A股"坐庄"的情形屡见不鲜，甚至在2000年前还出现过"无股不庄"的时代。从2007年第一次账户清理开始，账户实名制和第三方存管导致传统的"坐庄"模式得以根除。从此以后，市场上所谓的"坐庄理论"只是一些阴谋论的谈资而已。

那是不是市场中就完全没有"庄"呢？也不一定。我们对"庄"要有一个明确的定义。所谓的"庄"，是指能够左右市场价格变化的力量。这么大的市场，一定存在着一些可以左右价格变化的力量，大到"国家队"、社保基金，小到私募基金，甚至个人大户，可能都会对短期价格波动产生一定的影响。但是，不论是"国家队"、社保基金还是私募基金、个人大户，这些市场参与者都不能被称为"庄"。

在传统意义上，我们认为"庄"有以下几个特点：

第一，价格波动完全由"庄"操纵；

第二，"庄"对价格的操纵是毫无规律的；

第三，因为要赚大多数人的钱，所以"庄"的操作行为与大多数人是完全相反的；

第四，"庄"是有明确的操作目标的，要在哪个位置建仓、哪个价格出货，都有明确的交易计划；

第五，"庄"是一个团伙，并有明确的受益者，甚至很长一段时间，"庄"的受益者是固定的。

具备上述五个特征的团伙，才能被称为"庄"。而在2007年以后，影响市场波动的已经不再是单独某一种资金，而是众多市场参与者形成的合力。所以，从这个意义讲，传统的"庄"已经不复存在了。因此，我们也就没有必要用原先的"庄家控盘"的模式来思考问题。

目前，市面上仍然有相当多图书来介绍所谓的"坐庄手法"。而这些书中所包含的"坐庄手法"不外乎筹码收集、拉升、筹码派发等方式。现在来看,这些书中的内容已经严重过时。

五、量价配合在短线交易模式中的体现

目前活跃在二级市场中的短线交易模式中,有相当多一部分是与量价关系高度贴合的,比如说"打板"模式、"热点转换"模式等等。

我们以"打板"模式来举例。在这种模式中,资金从切入到退出,时间非常短,并且交易行为非常激进。所谓"打板",就是直接追到涨停板上去。选择涨停板有多种方法:有的资金选择"低吸上板",有的资金选择"守板",有的资金选择第三个缩量板或者第四个缩量板。这些操作行为的好坏暂且不论,从行为的本质上看,都属于趋势交易。而在趋势交易中,量价配合几乎是百分之百的必要条件。

所有的"打板"模式都有一个放量的过程。没有放量的过程,这个涨停板往往封不住,后市的惯性相对来讲也会比较差。同时,这个对放量的要求会比较高,既要放量又不能放得太大。因为量放得太大,可能表明里面的散户左右摇摆严重,甚至集体出逃,会导致涨停板封不住。

所以,从"打板"模式去思考量价关系,我们看到的现象与前面讲到的趋势发展过程有所不同。其区别主要是以下两点。

其一,"打板"模式的趋势发展非常迅速,趋势斜率没有从

低到高的变化，而是直接进入加速段。

其二，在"打板"模式中，不存在开板之后的缩量背离整理。在"打板"模式中，一旦开板整理，开启下一轮连板的概率微乎其微。我们看到的现象主要是一路涨停板，涨停板的早期是爆量的，中后期是缩量的。缩量意味着涨停板已经封死了，有可能已经变成"妖股"。市场中大多数投机力量集中在这些标的上，从而导致没人愿意卖出。连板发展到末期，就会从极致缩量的连板转变为放巨量开板，而开板就是杀跌的位置。

连板的过程会相当迅速，这跟"打板"模式中资金行为的特点有关系。这些资金的目的是用最短的时间实现最大的收益。同时，这些资金对收益兑现的要求会异常高。由此，我们可以得出一些结论：从传统的量价关系出发去寻找好的"打板"标的是比较困难的；同时，用传统的量价关系去分析连板过程也是不可取的。因此，我们建议读者们不要采取"打板"模式来实现短线交易。这种模式对参与者的要求异常高，对量价关系的理解要求异常高，对衡量性价比的要求异常高。如此多"异常高"的要求，加起来就意味着"打板"模式中的成功者异常少。

除了"打板"模式，还有所谓的"热点转换"模式、"新股炒作"模式等。新股上市当天，没有涨跌停板限制，所以很容易出现急速上涨。新股这个话题，这里我们点到为止，后面讲到换手率的时候再详细介绍。

在"热点转换"这种模式里，我们看到的量价配合也是异常突出的。大家可能会看到某一个主题板块成交金额占全市成交金额的比例，从原先的 5% 变成了 10%，甚至 20% 以上，那么这个概念板块就已经热过头了。

比如 2023 年 3 月和 4 月的 ChatGPT 概念、TMT（数字新媒体产业）概念，再比如同年 7 月和 8 月的华为概念都是如此。当一个板块的成交金额占整个市场的比例足够高（指达到 15%~20% 这个区间），那么这个板块就已经进入巨量成交的加速末端。这个时候，会形成比较重的抛压。因此，在这个时候退出这个板块是非常必要的。

在一个热点板块兴起之前，我们也会看到换手率开始变大，成交金额占全市场总成交金额的比例也逐步提高。所以，从这个意义上讲，计算每一个板块成交金额占全市场成交金额的比例，对于我们理解这种热点转换中的量价关系非常有帮助。

总结一下，这一章主要介绍了量价关系在趋势中表现出的一些规律，以及如何运用量价关系分析和判断趋势的运行。

阅读本章时，大家要明白，实际交易中不存在完美的上涨过程，并非每一个上涨趋势都要经历低斜率上涨、整理修复、加速上涨的过程。我们需要搞清楚的是在趋势运行的关键节点上，成交金额一定会表达出自己应有的重要性。通常，放量最充足时对应价格波动的高点，缩量最极致时对应价格波动的低点。此外，通常都会有均线系统来辅助判断。所谓的"调整到某一个关键均线附近获得支撑"就是由此而来的。

第三节 问答收录

问题1

问：趋势交易的难点是什么？

答：趋势交易的难点在于对人的性格要求是比较高的。趋势交易的第一个难点是，你不能太计较价位，同时也不能完全不计较价位。这就是矛盾的地方之一。为什么不能太计较价位？举个例子来看。如果你有 95% 的把握能赚 2%，那就应该全力以赴往里冲，但这个时候价格已经涨了 0.8 元，你感觉再赚确定性很高的 5 分钱没什么意思，这 5 分钱在你眼里就不是钱了。这样不对，这就是太计较价位了。同时，你又不能完全不计较价位，不然交易就会变得很随意。那怎么平衡这个矛盾？恪守 3∶1 的性价比。有了这个性价比的标准，这个价位该不该计较，这个趋势是不是值得跟，就可以判断了。

趋势交易的第二个难点是，你得学会猜。很多人在股票上做三周期就很顺手，做股票的日内 T+0 也很顺手，一换到期指上，马上就不适应了。后者的波动幅度和节奏跟股票完全不一样。一样的方式，以前买股票总是能赚钱，但是换到期指上，总是拍相对高点。因为在股票交易中，像你这么做的人少，你几乎是没有天敌的，甚至都没有多少同行者，几乎全是你的猎物。但是衍生品交易不一样，几乎人人都是这么做的，你做得比别人晚，那你就是猎物。

该怎么办？

你得提前猜。在小周期放量的时候往里切。你非得等1分钟放量完了才能判断拍不拍，但有人看10秒就能判断该不该往里切。他愿意去猜，虽然他的准确率不如你，但是他的成本比你低。比你的成本低意味着什么？意味着猜错的时候他可以保本走，而你要亏着走，赚钱的时候浮动止盈打不出来，他赚的就比你多。换句话说，他的性价比比你高。

短线做趋势，本质上就是"赌"。"赌"就是这里的难点。你不想"赌"怎么办？找对手盘弱的地方。如果你去衍生品市场里找趋势，你的对手要么是高手，要么是机器，你很难赢。在股票市场里，对手盘相对弱一些，你的赢面也就大一些。

问题2

问：三周期中，能不能用日K线做小周期、周K线做中周期、月K线做大周期？

答：三周期中，用周K线做中周期肯定是不合适的。周K线的波动经常是百分之十几甚至20%，这种波动率太正常了。波动太大，表现的时间又慢，证伪起来就慢。也许你拿了两周，亏了20%，这就很划不来。做短线，持仓结构短，持仓时间也短，证伪速度快，这样才能有效率。

问题3

问： 在小周期上打提前量，尽早地切入趋势，有没有具体的方法呢？

答： 要学会在小周期上捕捉这个提前量，在成交定量的计算上要有办法。我讲过好多种小周期定量的方法，大家可以选一种适合自己的来试一试，或者基于我讲的这些方法再去思考适合自己的方法。

如果是股票隔夜短线交易，就是我所说的三周期交易法，那要在小周期上定成交量，就可以把K线切到5分钟上，把成交金额最大的5根K线拿出来做平均值。再把这个平均值除以4，变成1分钟的量。为什么不除以5？因为放量是不均匀的，5分钟里，放量最大的1分钟比5分钟的平均数要大。这是第一种方法。

第二种方法，把最近的1分钟成交金额排序，取前6名，然后把最高的一个去掉，剩下5个取平均值。为什么去掉最高的？因为最高的成交金额可能是一些偶然因素形成的，有可能是意外，纳入进去反而会让量显得太大。

这些方法你用哪种都行，关键是能用得顺手。一样的方法，在你的体系里概率就比别人好，你用得有信心，这个方法就适合你。但是你的方法或者说你的判断依据要稳定。

这里我强调一点，就是不管怎么捕捉提前量，也不管用什么样的方法定量，当我们去观察这个小周期量价配合的时候，都得是水上①出量出涨速才行。因为只有在水上，红盘出图才能代表这个行情真的想涨。否则，你想想，跌停板上巨量弹7%，你追进去一看，日K线还是跌的，第二天继续奔跌停，疼不疼？因为股票交易是T+1的，当天撬板当天跑不了，而有流动性的人当场就跑了。所以，我的三周期交易法也是这样，水上出量出涨速才算出图。

这里说的是做趋势类的短线，如果是翻转交易，还需要这种小周期的确认吗？不需要了。因为你做翻转，看见出图才往里追，这就过于晚了。尤其是做一些衍生品交易，等看到出图才往里追，有可能放量那一下在短周期上，甚至一个特别短的周期上就已经结束了。

小贴士

牛市会在什么时候结束？

牛市最危险的时候，是所有人都看涨，但所有人都没钱了。钱去哪了？钱都买成了股票，变成了市值。这时候，市场参与者只能卖出，再也没钱追涨了，推动价格上涨的

---

① 水上指当前价格大于上一交易日收盘价，即价格涨幅大于0。

动力没有了，价格也就涨不动了。

可以结合趋势的形成过程来思考。指数的波动从一开始没有趋势，到形成慢慢涨的早期趋势，再变轨，趋势开始加速，一直到斜率变得非常陡峭，这就是加速段了。加速并不意味着牛市会结束，也许回调之后还能再来。但经过回调之后，价格再涨起来，成交金额却比之前小了，形成了量价背离，如果缩量不出新高，很有可能会形成M头。这个量价背离在表达什么？这里的量价背离就已经在表达，大家都在看涨，但都没钱再继续买了。当然，这里的"没钱"，并不是真的没有现金。也许有些人在上一轮加速之后，就已经兑现离场，不再回来了。

第四章

量价背离
在翻转交易中的运用

上一章中，我们详细讲解了量价配合在趋势判断中的运用。这一章，我们转换一下视角，看看量价背离在翻转交易中的运用。

第一节　量价背离的两个层次

在第二章中，我们已经简单介绍过量价背离。在这一章，我们更深入地讲一下这个问题。

量增出现趋势运动是量价配合，而量增价格不动就是第一层次的量价背离。第二层次的量价背离是指量减，但价格出现趋势运动。在第二层次中，又分为缩量上行和缩量下行两种情形。

在这两个层次中，我们对量价背离的判定是不一样的。我们先从量增但价格不动开始讲。

一、量增但价格不动

这种情形是通常意义上最主要的量价背离现象。

我们可以想象一下，在一段上涨趋势的末端，当市场参与者对价格的分歧比较大，交投非常活跃，甚至换手率也变得异常高的情况下，价格竟然没有产生相应的变化，就说明多空双方力量胶着。

进一步看这个胶着的状态。在一段趋势上涨之后形成这样的胶着状态，一定意味着抛压比较重。也就是说，多空力量的对比，从趋势上涨中的多方占优变成了现在的势均力敌，所以才会出现量增而趋势延续不了的现象。

这种量价背离的特征是比较明显的，简单概括就是量增价不涨，或者量增价不跌。

二、缩量上行的趋势运动

首先，我们来看量价背离第二个层次中缩量上行的情形。缩量上行的情形又包含了许多细分情况。

第一种细分情况是，在量价配合的下跌趋势末端，放量出现量价背离，然后缩量上行。这种情况下，虽然价格在上行，但这种上行属于无量反弹。这种缩量反弹一般都弹不远。道理很简单，我们可以想象一下这个过程。整个市场经历了一轮趋势下跌之后，在放量的位置，很多人是着急抛售的，并且也有很多人在抄底。这时候，多空力量的对比从原先的空头占优变成了多空势均力敌。而在放量之后，价格转而上行，但成交量却变小了。这表明在多头占优的情况下，愿意追涨的人变少了，从而原先去抄底的这些人就会有很大概率变成新的抛售力量。我们把这样的缩量上行定义为量价背离的一种形式。

第二种细分情况是，在趋势上行、放量整理之后的缩量上涨。这种缩量上行有可能是新一轮上涨趋势的起点。这种现象在指数上面出现得比较少,但在个股上出现得比较多。

我们先来看一个指数的例子(图4-1-1)。2007年大牛市,在当年5月之前,指数走势比较凌厉,一路上行。而在5月30日前后,市场出现了非常剧烈的调整。而出现剧烈调整的原因是印花税税率要从原来的双边1‰调整为双边3‰。市场在剧烈震荡之后,在整个位置附近横盘一个多月。

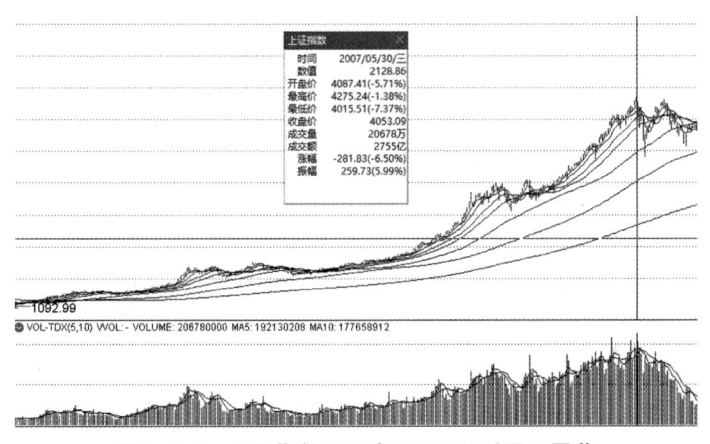

图4-1-1　上证指数2007年5月30日后展开震荡

在整理完成之后,上证指数就出现了缩量上涨。成交金额从原先的1000亿~1300亿元的水平,缩小到不足900亿元的水平。而经历了5月30日的印花税上调之后,上证指数先杀跌,再反弹,反弹之后继续杀跌,杀跌之后走入整理。而整理结束之后,上证指数再次启动,成交金额就只有700亿元左右的水平，甚至在 7 月 19 日成交金额缩小到了 300 亿元左右，达到整个阶段的最小成交金额。这与此前 1300 亿元上下的成交水平简直是云泥之别，但此后仍然维持很长一段时间的缩量上涨。

个股缩量出新高的情形就比较常见了。我们以 A 股的"股王"（贵州茅台）做例子（图 4-1-2）。茅台股价在 2018 年跌了整整一年。在股价下跌的过程中，成交量相对都是比较大的，尤其是在 2018 年 10 月的时候放出巨量。而在巨量成交之后，整理了一段时间就缩量出新高了。在缩量出新高的过程中，成交数量是显著低于 2017 年和 2018 年的。但是在 2019 年 1 月初突破的时候，可能每天两三万手的成交数量就足以推动价格向上突破了。这也很典型，在早期的放量完成之后有一个缩量出新高的过程。而且在茅台的历史图形中，我们经常会看到这样的节奏。比如在 2015 年五六月"股灾"的时候也是出巨量，而在 2016 年茅台股价出新高的时候，成交量也是缩到非常小的。

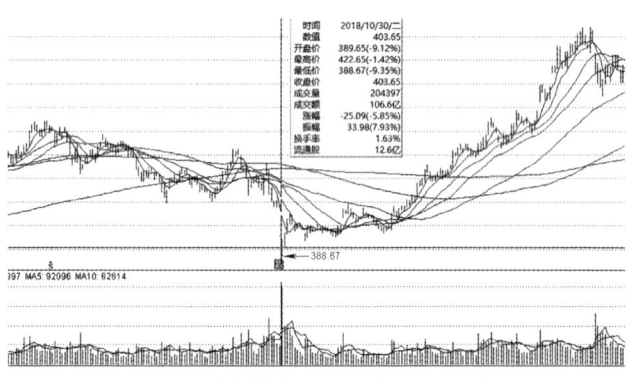

图4-1-2　贵州茅台在2018年10月巨量见底

为什么会有个股出现这种背离现象？这首先是因为在量价配合的趋势阶段就表明有资金愿意进去，放量意味着超大型的换手，也表明大家的分歧比较严重。而后面调整的时候，仍然在放量，说明有人在积极买入。调整之后，缩量新高演变成慢牛，也就意味着在放量阶段买进去的人大多数想长期持有，或者说具有长期持仓需求。这种缩量上行往往是长线慢牛股的特点。

长线慢牛股之所以有这种特征，是因为整个市场资金在追逐这些有限筹码时，通常会先打一波趋势上涨，然后在加速末端高额换手。在这个高额换手的过程中，有些短线客已经赚到了，选择落袋为安。但还有一些长线资金看好这只个股的前景，同时这只个股也慢慢展现出成长性，从而促成了这样的局势，这种情形我们称之为"筹码锁定"。这种情形总体来说并不多见，往往只有一些超级大牛股才有这样的走势。

三、缩量下行的趋势运动

与缩量上行的趋势运动对应，缩量下行的趋势运动也细分为两种情况。

第一种细分情况是先涨，然后缩量下跌。这种情形其实就是所谓的回踩调整。价格先冲起来，然后向下回落到一定程度，缩量到极致，接着反身向上（图4-1-3）。

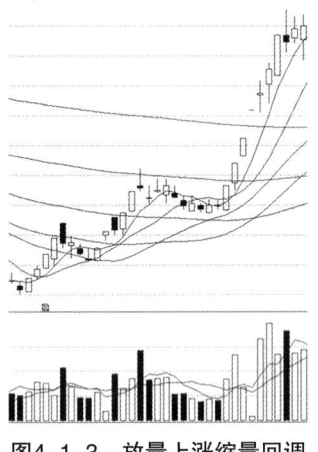

图4-1-3　放量上涨缩量回调

第二种细分情况是阴跌。阴跌的走势也是先下杀,放量杀跌之后又继续缩量下跌,给人的感觉是一直在跌(图4-1-4)。

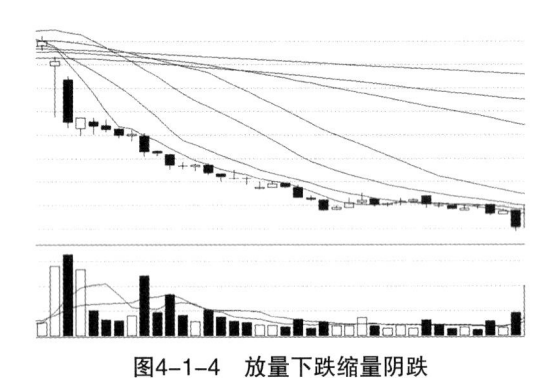

图4-1-4　放量下跌缩量阴跌

我们可以发现,缩量下行的两种情形与缩量上行的两种情形是对应的,大家可以对照来观察。

第二节 量价背离的运用

量价背离的运用分为定性、寻找标记点、切入这几个环节。

一、量价背离的定性

谈背离的运用，要先有一个定性的过程。所谓的定性，我们以量增价不涨来举例子。对量增价不涨定性，主要是看此刻的价格是不是处在高位。这里的高位是个相对概念。这一方法有些投资者运用起来会陷入困惑。究竟什么是高位？10元的股价算不算高？100元的股价算不算高？

既然是定性，我们首先就要看涨幅，看前期的趋势强弱。如果股价前期已经从2元涨到了10元，哪怕10元的绝对价格并不高，其附近出现了量增价不涨，这个位置也很像一次量价的顶背离，因为毕竟有了400%的涨幅。这就是高的概念。高的概念跟绝对价格有关系吗？不太有关系，只是跟涨幅的大小有关系。二级市场中，我们经常看到这样的例子（图4-2-1）。这张图是一只个股从两元多的价格起步，经历了非常标准的三轮上涨，在高位出巨量，同时价格已经不涨了。尤其是在2020年6月10日前后，量其实放得很凶。7月1日量又一次放得很凶，并且价格出新高了。但是总体来看，放量很凶猛，价格波动却很一般。这种情况下，基本上就能判定价格涨势已经到头了。虽然绝对价格只到12元，但价格涨幅已经足够大了。

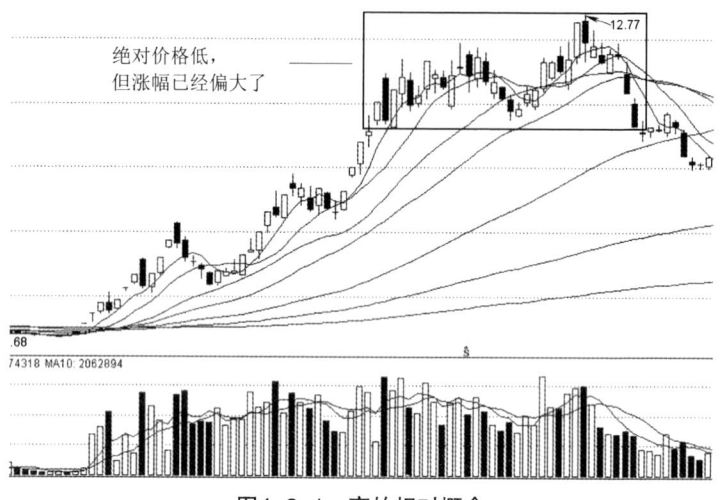

图4-2-1 高的相对概念

（图中标注："绝对价格低，但涨幅已经偏大了"；"12.77"）

还有一些个股，它的价格可能涨幅并不大，但绝对价格很高，那么这种情形应该怎么去评估呢？

我们要看这种个股完成当前涨幅所需要的时间究竟是长还是短。举个例子。比如一只个股股价在10元左右启动，涨到十四五元，看上去并不高，也就涨了百分之四五十。但如果这百分之四五十的涨幅是三四个交易日涨上来的，那也是高了。这种情况下，如果出现了放巨量且不涨，可能很多人也要去兑现了。所以，我们在定性高不高这个问题时，不仅要考虑相对比例，也要参考实现这些涨幅的时间有多长。

逻辑上讲，超短线的资金，尤其是市场上比较凶悍的游资，可能在打出25%~30%的空间时就会选择落袋一部分，甚至一些小的投机资金可能在5%~10%的涨幅就要止盈了。

在定性的过程中,我们在考虑了高不高的问题之后,就要考虑时间的问题。无论是低位还是高位,只要出现量增价不涨,就需要考虑价格震荡的时间要求。这个时间要求与什么相关?跟其前期的运动趋势相关。比如说前期大涨了20天,随后在高位维持了三到五天的震荡,这才算是真正的量增价不涨,不能只见到一天的量增价不涨就认定为量价背离。通常来讲,我们认为最小的量增价不涨的结构需要4~5个交易日,也就是接近一周的时间。

另外,在一些衍生品中,如果连着5天都在同一个价位附近震荡,基本上前期的趋势就已经结束了。所以,我们要明白,放量不涨的时间要4~5个交易日,才能说明出现了量价背离。

而如果前期趋势持续的时间非常久,那么这个高位放量的时间也要相应延长。我们观察指数,可能会看到长达数月的高位量价背离(图4-2-2)。

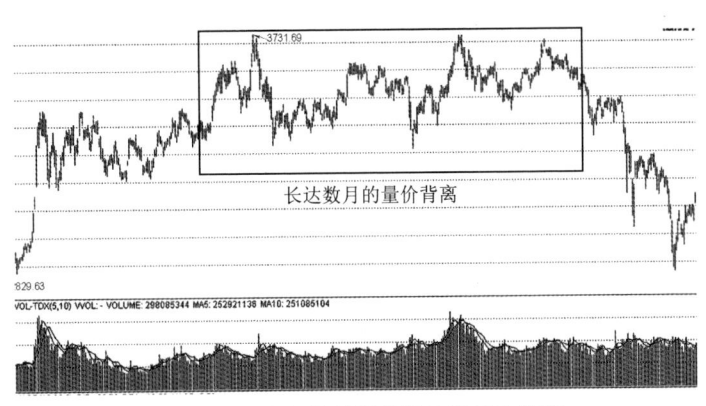

图4-2-2 上证指数长达数月的量价背离

图 4-2-2 是 2021 年二季度和三季度的上证指数情况。这段行情承接的是 2020 年二季度以来的突破和趋势上行。2020 年二季度以来的突破完成之后，上证指数一直在高位，涨势非常慢，但成交金额却屡次放大。尤其是 2021 年四季度之后，每天成交金额都在 6000 亿~7000 亿元的水平附近。这种情况就非常值得怀疑。尤其是在 2021 年 9 月到 10 月之间，上证指数的成交量非常大，逻辑上讲，这个位置其实就已经形成了量价顶背离。

在形成量价顶背离之后，成交量又缩下来，开始缩量回调；回调、反弹之后，又出现放量且不涨的格局。而到了后边我们就知道了，行情基本上都是在调整。这段行情从最开始出现放量不涨的现象到后面真正向下破位，大概经历了半年的时间，其实时间已经是比较长的了。

而如果是个股，有可能持续的时间会更久一些。比如有一些典型的概念股在经过一轮趋势上涨之后，也会出现量增价不涨的情形。图 4-2-3 是人工智能板块指数在 2023 年 1 月至 2023 年 4 月的 K 线图。人工智能板块在当年 1 月出现了显著的趋势，随后持续放量，然后是放量新高。而这里出现放量新高，并且在新高之后仍然维持较大的成交量，就是第一个不好的点。

在启动之前，这个板块的成交金额在 300 亿~400 亿元的规模。而在第一阶段启动的时候，成交金额放大到了 1000 亿元左右的规模。整理完再次放量上行的时候，成交金额在 2300 亿元左右的规模。而在高位的时候基本上都是 2000 亿元以上的成交

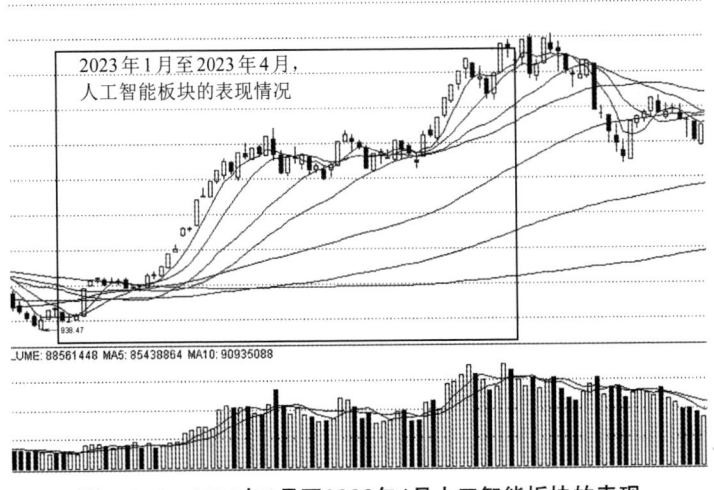

图4-2-3　2023年1月至2023年4月人工智能板块的表现

规模。即便后来有过缩量整理，再次上涨的时候成交金额仍然能达到2400亿元上下的水平。但是再次上涨的幅度不如之前了，刚刚出新高就不涨了，这个过程横跨了4月到6月这两个月的时间。

在当时，人工智能这个概念是相当火热的，可我那时判断这个概念是没有什么前途的。在2023年三四月的时候，我认为第一波行情就已经结束了。那个时候，人工智能股的图形突破了二三月的整理平台后，虽然量更大了，但上涨的幅度更小了，这意味着上涨的力量已经不够了。以至于到了后面，价格在高位持续震荡，成交量也一直在放大，我就更认为第二波没什么希望了。尤其是确定的那一天，成交量突破到了3000亿元，并且创新高，第二天就出人意料地到了2600亿元。这种图形几乎注定了这个板块大概在量价关系上，在这个位置上已经进入了这轮行情的最末端。

通过对高低点之间的关系和时间的判定，我们就完成了对量价背离的定性。

二、量价背离的度量

所谓量价背离的度量，我们实际上是在度量背离是否具备可操作性，以及如果具备可操作性，那操作的标识点是什么、切入的时机怎么判定。

我们先从量价背离的度量开始讲。

在第二章中，我们讲过单位价格波动量。这里我们再来明确一下，在量增价不涨或者量增价不跌的时候，单位价格波动量是非常大的，也就是说成交金额放得非常大，但是价格几乎不怎么波动。这是衡量量价背离最敏感的一个指标。这个指标的数值越大，说明抛压越重，或者说前期的趋势运动遭遇了很强的阻力。这是一个量价背离的小标记。类似的指标有很多不同的构建方法，之前我也讲过了，大家可以自己选择。

除此之外，还有其他一些情绪指标和技术指标可以用来辅助判断量价背离。在这里，我们引入 MACD 背离指标来判定量增价不涨或者量增价不跌。

我之前写的《交易之路》这本书里对于 MACD 的背离有非常详细的介绍。在这里，我重新引用一下，并且把适用于观察背离的方式也列在本书最后的附录中，供大家参考。搭配着量价背离和 MACD 背离，基本上可以判定当时趋势运行的背离程度。这是在技术图形上对背离非常好的判断指标。

此外，还有一些技术指标也是背离指标。比如类似 KD 这样的技术指标，本身就是高位钝化的概念，就是在揭示背离。搭配量价背离和 KD 钝化，我们也能形成一些判断，这也是一种借助其他技术指标的度量方式。关于 KD 指标的介绍，也会放在书后附录。

在技术分析中，还有一些所谓的情绪指标。比如连涨（或者连跌）了多少天以后出现这种情形，再或者在观察研判指数时，指数出现了量增价不涨或者量增价不跌的时候，也可以结合当天的个股涨跌数量比（或者涨停、跌停的个股数量）来判断。这些情绪指标都是可以用来辅助度量量价背离的。

举个例子。在观察指数的上涨趋势时，如果今天的量增了很多，但指数没有上行且跌停板很多，那么大概率前期的上涨趋势会扭转。这实际上是综合运用多种方式、多种手段判定量价背离。如果单纯观察量价背离，那么在实践中可能会遇到一些比较复杂的情形。

三、量价背离的综合判断

前面我们讲过，量增价不涨、量增价不跌这两种比较简单的情形可以细分成四种不同的具体情况。如果对这四种细分情况继续深究，我们会发现情况变得更为复杂。

举个例子。如果我们看到了缩量上涨，那么就要看前面的涨势猛不猛。这里就有一个关于程度的考量。如果单纯使用量价背离去预判，不做进一步考虑，则成功概率注定不会太高。

但如果叠加一些指标来辅助判断，那么成功概率可能从原来的 55% 提高到 65%。不要小看这 10% 的成功率提升，这是非常了不得的进步了。

所以，综合来看，量价背离是一个权重比较大的参考指标，但也仅仅是许多参考依据之一。所以，我们更希望有多种判定或者方法来衡量这次量价背离究竟值不值得参与。这些判定或者度量方法就成了一些共振要素，共振要素越多，说明量价背离越具备参考意义。

一般来讲，我个人的建议是量价顶背离是应该选择退场的，只要顶背离成立都应该选择退场。至于量价底背离要不要抄底，要看不同的操作风格和不同的时间框架，同时还依赖于整个市场的转势。原因在于顶背离面对的是下跌，下跌过程情绪急转直下是很快的，而底背离面对的是情绪回暖，冰冻三尺非一日之寒，情绪回暖是需要时间的。从实践经验的角度来看，底背离往往需要反复多次之后才会形成有效的上行力量，这也是多与空的不同之处。

下面，我们来看一看量价关系在顶底特征的一些具体体现。这些顶底特征就是翻转交易中的核心判定要素。对于顶底背离的一些具体特征，我们仍然要分情况讨论。

第一种是上行趋势之后的量增价不涨，这是最典型的顶部特征。这种顶部特征伴随的现象有哪些？第一，成交量持续放大，换手率持续变大，但是价格已经恒定不变。第二，均线系统从原先的多头发散转向缠绕。第三，可能出现MACD的顶背离。第四，在高位持续放量换手，如果换手率超过10%，那就基本接近临界点。这些就是放量不涨的顶部特征。

在顶部还会有冲高回落的情形，这种情形也很常见。我们将其归类在量增价涨，然后缩量下行的情况。这种情况的图形呈A字形，有一个尖尖的顶部，往往是天量出天价，然后迅速缩量下跌，并且缩量的规模会缩到原先的三分之一、四分之一甚至十分之一。

接下来，我们如何去判断它是绝对顶部，还是相对高位回落，回落之后会不会重拾升势？这要依赖多种要素。这些要素包括前期的涨幅、前一轮冲高的驱动力、回落调整的原因。要综合考虑这些因素，不能直接判断这次行情一定就结束了。而且，即便后面再次上涨，也未必能突破新高、持续上涨。

这些是要根据具体情况分析的。举个例子。也许一只股票的股价在一段上涨趋势结束之后，回落了20%，稳住之后再次向上反弹；反弹了15%之后，大概到了前期高点附近，再次遇阻回落，回落幅度并不大。价格就在前期高点附近反复震荡，逐步形成收敛图形。这是完全有可能出现的现象。在急速上冲、迅速回落的过程中，一般都伴随大比例的缩量。这是上涨趋势中出现的顶部特征。

下跌过程中出现的底部特征也有两种情形。第一种是放量，但是跌不动，或者放量跌破，第二天马上反包，反包过程中成交量非常大。在绝对跌幅已经比较大的情形下，这种情况很像是底部特征。但是一般来讲，这样的底部特征不具备迅速上攻的能力。这种反包在上涨和下跌的过程中，表现截然不同。如果是在上涨过程中，第二个交易日可能就缩量新高了。但是在下跌见底的位置，即便反包了，也不太容易展开有效的反弹。同样都是概率，底部不如顶部显著。

这就是第一种情形，放量下跌且跌不动，时常有反包的阳线出现，在分时图或者小周期上，我们会看到这种带量的阳线特别多（图4-2-4）。这种情形往往预示着相对底部的区间。

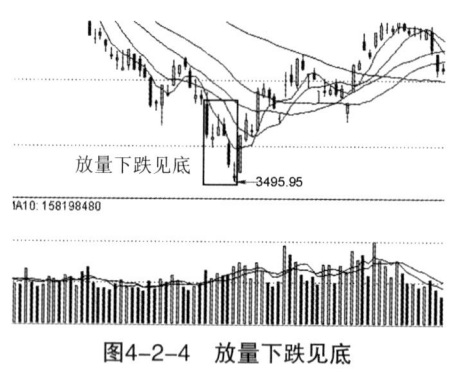

图4-2-4 放量下跌见底

第二种情形，是下跌见底之前会有缩量下跌的表现。这时候，成交量放不出，但价格一直在阴跌，阴跌到一定程度之后出现放量急跌，随后开始放量震荡，也就差不多要见底了。这也是一种底部形态。

区分上面这两种情形其实很简单，就是看有没有阴跌。没有阴跌的过程，直接出现放量不跌的量价底背离，就是第一种情形，这种情形可能会迅速反弹，形成 V 形反弹。如果是先无量阴跌，阴跌一段时间再放量震荡，就是第二种情形。

上面只是对这两种情形的概述，在现实中很难出现这么规整的图形。在实践中，我们可能会看到这两种情形混杂在一起。比如，一开始是放量下跌，我们以为要按照第一种情形发展，然而跌到一定程度之后，又开始缩量阴跌了。这往往也预示着价格跌到头了。阴跌到一定程度之后，价格就会放量反弹。图 4-2-5 是上证指数在 2023 年八九月的 K 线图，这种走势意味着形成了政策底，非常具有代表性。这里要补充一下，政策底并非指数下跌之后必然的、绝对的底部，而是逐步见底的相对阶段，我们从图形上也能看到，在政策底之后，指数仍然会下探出新低。

图4-2-5　上证指数2023年8月至2023年9月K线图

在实践中，我们还会遇到一种现象，那就是在趋势下跌的过程中，越跌量越小，跌到某种程度开始出现反包阳线。但是市场中买入的力量不足以带动价格快速上涨，而是形成阴阳线交替的拉锯状态，成交量一会放大一会缩小。这种阴线阳线交替、放量缩量交替的状态，一般来讲也可能是一个底部形态。

这里总结一下。顶也好，底也好，量价的特点相对来讲还是比较有规律的。尤其是在顶部基本上都是量增价不涨，底部则有可能是宣泄式放量，放量之后迅速缩量反弹，后边可能还会再磨一磨底部，这是一种见底方式。

第二种比较典型的见底方式就是整个图形走得很扎实，价格一直在一个区间里来来回回，有放量反包，也有缩量回调。在下一节，我会对一些典型的顶底形态进行分析。通过这些顶底形态，我们可以对量价关系在顶部和底部的表现理解得更透彻。

第三节　典型顶底形态中的量价分析

前面讲的量价背离的识别、度量和综合判断，是偏理论的部分。这一小节，我们结合图形来进一步观察量价背离在一些典型顶底形态中的具体表现。

典型的顶底形态有很多种，我们先从顶部形态讲起。

一、典型的顶部形态

M 头就是一种常见的顶部形态。所谓的 M 头，也叫双顶，在图 4-3-1 中，我们可以看到，从 2006 年开始，沪深 300 指数展开了一轮强劲的趋势上涨，2007 年 10 月 16 日出现第一个高点。随后，沪深 300 指数展开了一轮回调和反弹。在 2008 年 1 月 14 日，反弹出现高点。反弹的高点并没有超过前一个高点，随后指数展开大幅趋势下跌。趋势上涨与趋势下跌之间的这段像字母 M 的图形（图 4-3-1 中黑框标出部分）就是 M 头。

M 头有两个头部：2007 年 11 月回调之前的头部是 M 头的第一个头；在同年 11 月回调之后，反弹形成的头部就是 M 头的第二个头。

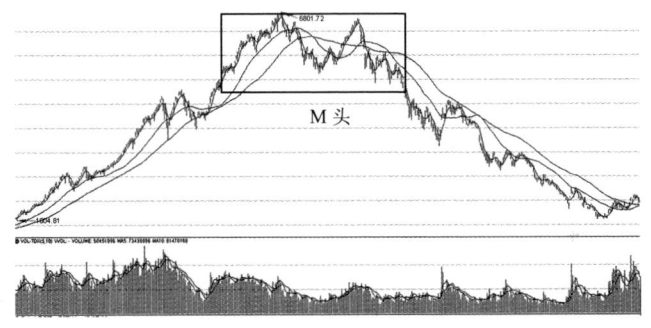

图4-3-1　沪深300指数2006年至2008年的日K线

一般来讲，M 头第一个头的量是最大的，而到达第二个头的位置，成交量往往已经缩下来了。

这里其实蕴藏着一些投机背后的逻辑。对于一个 M 头来说，加速上涨形成第一个头部的时候，趋势上涨一定是异常凶悍的。第一个头是在这种异常凶悍的趋势之后放巨量见顶

（这就是我们平时常说的天量见天价）。见顶之后迅速回落，回落过程中成交量开始萎缩。回落完成之后，成交量缩得非常小，很多人就觉得既然是缩量下行，就是获利回吐，后边可能还会再有涨幅。而等到第二波再往上去的时候，必然是带量的。但是第二波上涨的量要比第一波小。这说明什么？说明愿意追涨的人比第一次少。也就是说，形成第二个高点的力量要比形成第一个高点的力量弱，这样形成 M 头的概率才会大。

那该如何切入 M 头呢？切入方法有两种。第一种切入方法是在顶背离形成的时候就切入，并且带好硬止损。第二种是在 M 头下跌，突破了颈线位置之后再追进去做确认，同时要带好硬止损和浮动止盈。

除了 M 头，典型的顶部形态还有头肩顶。头肩顶的形成原理与 M 头相近。我们以图 4-3-2 为例来讲解。

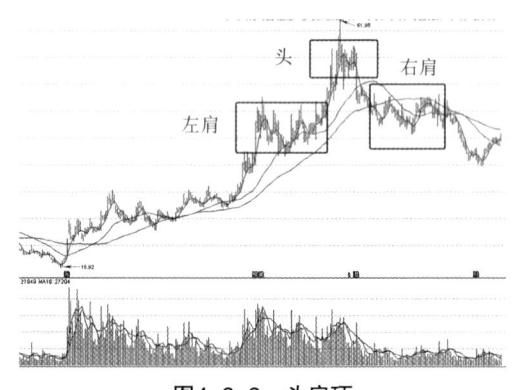

图 4-3-2　头肩顶

头肩顶的结构,分为左肩、头、右肩三部分。在图4-3-2中,我用方框分别标注了这三个部分。对照M头的形成过程,我们可以发现左肩仍然是量价配合的趋势运动。在形成头部的时候,就已经显露出量价背离的端倪。这时候,回调幅度比较深,抹平了此前的上涨,回调完成之后,无法形成向上的量价配合。这就表明,追逐新高的人被套牢在山顶,形成压力,而回调企稳之后,又没有新的力量来推高价格,一旦向下破位,突破颈线,也就形成了头肩顶。

头肩顶的切入,同样有两种情况。第一种情况是在右肩反弹乏力的位置寻找切入点。但很多时候右肩是横盘震荡(比如图4-3-2),切入点会难以确认,所以第二种情况可以在突破颈线的位置切入。

二、典型的底部形态

底部形态相对来讲可能更复杂一些,有双底、圆弧底、多重底部等。多重底部也叫复合头肩多重底。除此之外,还有其他形态。比如底部的趋势线逐渐抬高,或者上蹿下跳的箱体结构。

每一种顶底结构的量价关系情况也不一样。下面列举几种常见的底部形态。

第一种是双底。双底也叫W底(图4-3-3)。

我们观察图4-3-1和图4-3-3可以发现,在K线形态上,W底与M头基本上是对称的。W底在形成过程中,也是伴随

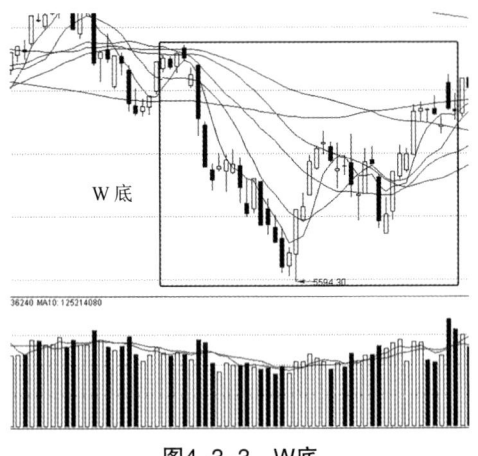

图4-3-3 W底

着价跌量缩的量价背离和价升量增的量价配合。虽然W底的量价关系在表现形式上与M头不同，但在原理上是一样的。

第二种是头肩底（图4-3-4）。

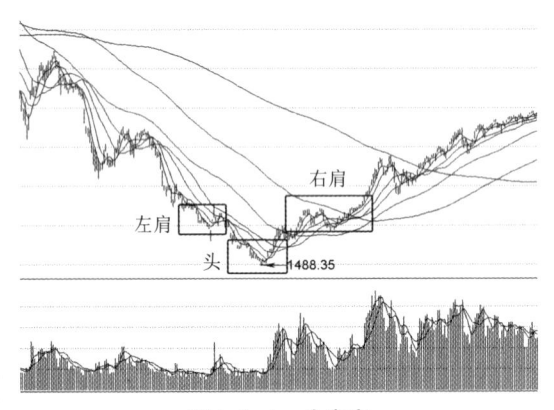

图4-3-4 头肩底

头肩底也可以分为左肩、头、右肩三部分。在图 4-3-4 中，我们也可以明显地看到，在左肩和头部出现了显著的量价背离，而在右肩则出现了清晰的量价配合。

W 底、头肩底的切入在思路和原理上，基本与 M 头和头肩顶一致。

第三种是圆弧底（图 4-3-5）。

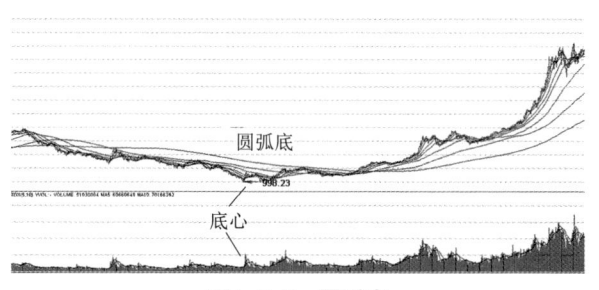

图4-3-5　圆弧底

前面已经提到，在圆弧底的底心位置，成交量是极度萎缩的。底心的左侧，我们称为圆弧底的左侧。左侧整体上是缩量的，而在这种整体性的缩量中，我们也看到了脉冲性的放量。这种脉冲性放量往往出现在见底反弹的过程中。只是即便放量，规模也不是很大。底心的右侧，我们称为圆弧底的右侧。右侧是整体放量的，成交量的规模是明显大于左侧的。同时，我们也能看到明显的量价配合。

圆弧底的切入，首先一定要等待右侧的出现。而右侧出现的最明显标识是放量。其次，我们可以在圆弧底颈线突破的时候切入,这时候的惯性往往非常好。然而,现在市场运行的节奏比过去要快很多,这也导致圆弧底的右侧会表现得非常快,颈线的位置也就变得难以判断。面对这种情形,我们也可以通过三周期的方法判断圆弧底右侧的切入点。

第四种是箱体结构(图4-3-6)。

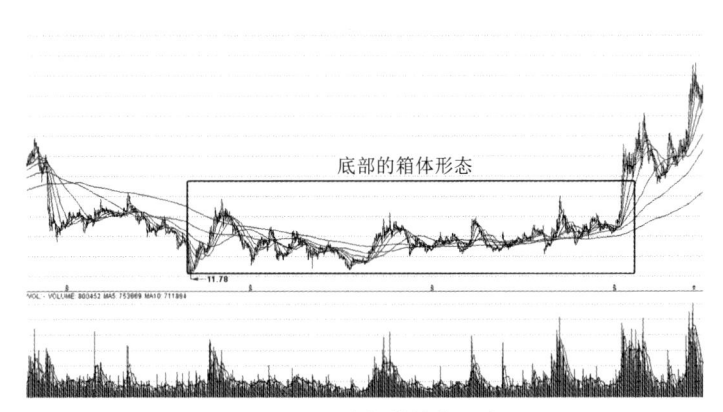

图4-3-6 底部的箱体形态

在这种箱体形态中,量价关系是非常混乱的,价格也在不停地上蹿下跳。这也是典型的底部形态,要在这种形态上寻找切入时机是比较困难的。

上面说到的这些典型顶底形态,识别起来比较容易。但在实践中,顶底形态往往会表现得更为复杂。这种复杂体现在价格在顶部或者底部出现多种形态的嵌套。在圆弧底中,也许会嵌套着收敛图形;在W底或者M头中,也可能嵌套着DIF的背离。所以在翻转交易中,我们必须对图形进行综合分析,考虑多方面的要素。要素考虑得越全面，成功概率也就越高。在翻转交易中，我们要考虑几个核心要素。下一节就来介绍这些要素。

第四节　翻转交易中的核心要素

顶底形态中的量价关系是翻转交易中最关键的核心要素。而这个最关键的要素，就是识别量价背离的情形。除了量价背离，典型的形态特点也是很重要的。前面讲了很多形态上的特点，识别起来相对更容易一些。

量价背离和顶底形态分别是量价背离中的两个要素。除了这两个要素，我们还要寻找其他要素来提高成功率。比如，MACD 或者 KD 的背离。合理地叠加一些技术指标，往往可以将成功率提高一点。

除此之外，时间和空间也是比较重要的要素。

趋势运行的时间越久，其结束的概率就越大。我们不能刚刚看到趋势展开，就去寻找翻转切入的时机。做多情绪的酝酿、宣泄再到做空情绪的积累，都是需要时间的。

空间作为翻转交易中的一个要素，原理与时间类似。以上涨为例，当涨幅大到一定程度、超出理性认识的范围以后，市场的情绪可能会继续推动价格向上，当市场体现出疯狂的一面时，翻转的时机才会逐渐临近，而在市场明显犯错之前，即便出现量价背离或者其他要素，也不值得参与翻转交易。

如果是参与成分指数日内级别的翻转交易，我们还要考虑指标股的波动情况。所谓的指标股，就是成分指数中的权重板块或者权重个股。如果权重比较集中，那么我们会找高权重的个股作为指标股进行观察。如果权重比较分散，那么我们就要找权重占比较大的板块进行观察。

如果是参与时间周期更长的翻转交易，那么无论是指数还是个股，都要考虑基本面的要素。特别要注意的是，如果是个股，要考虑当初导致个股股价大幅下跌的原因是什么，这个原因现在是不是还在产生影响。只有这种影响消失了，才能考虑参与翻转交易。而要找出这样的原因，往往要在基本面上下功夫。

上面这五个要素，大家可以做成一张共振表，通过这张共振表来识别翻转时机。这五个要素，如果出现两个，说明翻转的时机还不成熟；出现三个，胆子大一些的投资者就可以考虑切入；出现四个，说明翻转的时机基本上到来了；五个要素全部出现，说明确定性已经很高了，这时候不必再犹豫。当然在实践中，五个要素全部出现的频率还是比较低的。

对于趋势交易，我们一般认为市场是对的，会以追随者的身份去参与。而对于翻转交易，我们一般认为市场在犯错，或者说市场是错的。因此要参与翻转交易，我们就要进行反复的猜测和判断。这时候,对于每个人的整个交易体系都是一种挑战，可能会更加困难一些。

第五节　问答收录

问题1

问：能否举一个例子来展示圆弧底右侧切入的时机？

答：图4-5-1就是一个很好的例子。

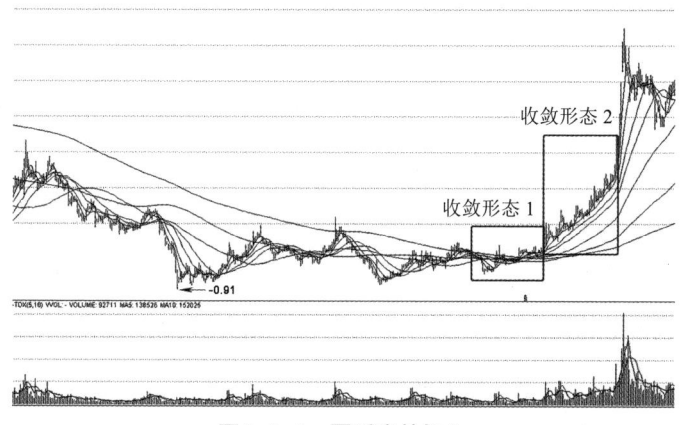

图4-5-1　圆弧底的切入

观察图4-5-1，在价格下跌的过程中，逐步形成了一个比较小的圆弧底形态。而在底心形成之后，右侧出现了两个非常明确的收敛形态，分别是图中标注的收敛形态1和收敛形态2。这两个收敛形态都提供了很好的切入时机。相比而言，收敛形态1的确定性逊于收敛形态2，而成本好于收敛形态2。成本优势意味着更高的性价比。在现实中，概率和性价比往往不能兼得，我们要在保证一方的同时适当让渡另一方。

问题2

问：如果出现了价升量缩的背离，这种背离是会持续还是会出现向下的量价配合，判断的标识点是什么？

答：首先，这里要考虑周期的问题。在小周期上（比如分时图、1分钟K线，5分钟K线），价升量缩的背离或者价跌量缩的背离往往会持续，打断这种背离的往往是休市，有可能是中午休市，也有可能是下午收盘。小周期上的情绪更容易被休市打断。而在较大的周期上（比如日K线、周K线、月K线），这种量价背离更容易被外部突如其来的因素打断。可能是新闻，可能是标志性个股下跌等等，当然也有可能是市场自发地向下出现量价配合。这里还要注意一点，有些长牛股会持续出现价升量缩的现象，这种现象也许会维持很长时间。这是由于长期持仓的人仍然看好后市，相当于锁定了自己的持仓，这种现象也被称为筹码锁定。

问题3

问：在做翻转交易的时候，MACD的背离和KD的背离是不是需要同时使用？

答：可以用来观察背离的指标有很多，并不限于MACD和KD。这里也不用把多个背离指标组合起来。我们可以给技术指标分类。同一类技术指标表达的含义也基本相同。所以同类技术指标选取一个就可以，而不同类技术指标可以形成组合。这里我们还要注意一点，就是技术指标都是后验的。这也就意味着，一个滞后的趋势指标经过调整就有可能变成一个相对不那么滞后的翻转指标，而一个滞后的翻转指标经过调整，也有可能变成一个更好的趋势指标。另外，技术指标都是有概率的，多个不同的技术指标叠加，更有可能提升概率。

问题4

问：有没有可能把翻转交易和趋势交易结合起来用？

答：不能。趋势交易和翻转交易在逻辑上是矛盾的。参与趋势交易，我们一般认为市场是对的，市场的上涨是有理由的。而面对翻转交易，我们一般认为市场是错的，市场的上涨或者下跌已经超过了理性的范围。这两种认识是相互矛盾的。一个完备的交易体系应该是自洽的。这里所谓的自洽，就是不存在这种内在矛盾。所以，翻转交易和趋势交易是两种不同的交易框架，不能整合到一个交易体系中。

问题5

问：能不能在不同的品种中建立不同的交易体系，从而分别应用翻转和趋势两种交易框架呢？

答：可以。但是要注意，首先自己在逻辑上要拎得清，翻转的归翻转，趋势的归趋势。参与翻转交易，就要做好要素表，逐个要素比对，寻找翻转时机。参与趋势交易，就要注意趋势的形成和延续，找好共振点，把握好切入时机。关于翻转交易的要素表，本章介绍了很多，可以参看。关于趋势交易的切入时机，参考第五章，这里不再赘述。

小贴士

趋势交易属于右侧交易，翻转交易属于左侧交易。左、右的区别是什么？这里的左、右，是按照拐点来区分的。以做多为例。如果在拐点形成之前做多，价格的上涨趋势还没有形成，这是翻转交易。如果在拐点右侧，价格上涨趋势已经形成之后再去做多，这是趋势交易。趋势和翻转是一体两面，有趋势才能有翻转，而翻转之后才可能会形成新的趋势。所以不管趋势交易还是翻转交易，归根结底是在研究拐点。这里的拐点不是一个精确的"点"，往往是一个区间。因为研究的都是拐点，所以做趋势的人懂点翻转，做翻转的人懂点趋势，都能让自己变得更犀利。

翻转交易是通过判断前面的趋势已经结束，在新的趋势产生之前切入进去，这种判断往往依赖于对各种背离的观察。这里的背离不仅仅包含技术图形的背离，大家可以展开思路观察一下其他背离情形。比如在2021年2月，市场在炒各种"茅指数"①、"宁组合"②的时候，沪深300和中证1000的比价迅速扩大，这也是一种背离。再举个例子，2024年2月，沪深300股权溢价指数达到7，但十年期国债期货收益率仍在下行，沪深300相对国债的吸引力已经非常高了，但是市场对股票仍然不感兴趣，还在追性价比已经变得很低的债券，这也是一种背离。

趋势交易是在新的趋势形成之后，寻找趋势暂停的位置，然后切入进去，所以趋势交易更有赖于共振。同理，共振也不仅仅是技术图形上的共振，技术图形以外也能找到一些共振。全市场的个股涨多跌少，甚至是普涨，这是情绪上的共振。同板块的个股，你涨我也涨，我涨又带动你涨，左脚踩右脚地涨，也是一种共振。

---

① "茅指数"是以贵州茅台为代表，把各行业实力雄厚的龙头企业归总所组成的模块。——编者注
② "宁组合"是以宁德时代为代表，把科技、医药等高成长性产业的部分龙头公司归总所组成的模块。——编者注

第五章

趋势交易
量价关系运用要点

第三章提到过，我们可以通过量价关系来判断趋势的确立、延续。第四章我们介绍了趋势的翻转，以及翻转交易的参与方式。那在趋势的运行过程中，我们有没有机会参与这些趋势运动呢？

当然是有的。

在这一章中，我会介绍一些适合参与趋势运动的典型K线图以及这些图形中的量价关系。掌握了这些K线图的量价关系之后，同时把第三章和第四章的内容整合在一起，再来参与趋势运动，就会显得游刃有余。

第一节　寻找趋势中的停顿

趋势的形成往往难以预判，但一旦形成，就很容易跟随。跟随一个趋势其实是很有讲究的，这样的交易模式也更偏向短线交易。如果在趋势上涨的过程中介入，一旦价格出现回调，马上就会让自己陷入进退两难的境地。如果刚刚回调，想趁着亏得少赶紧砍仓，但趋势运动还没有被证伪，在买入的理由仍然存在的情况下砍仓，显然是不明智的。如果等趋势运动被证伪之后再砍仓，那么下跌的幅度可能已经比较大了，显然性价比太差。

因此，我们要寻求趋势运动中的停顿，在趋势运动出现停顿时，沿着原有方向运动的瞬间切入，这样既能参与到趋势运动中，又能保证性价比。这就是所谓的顺大势逆小势。

我们可以通过两类 K 线图来实现这种顺大势、逆小势。这两类K线图分别是收敛图和二踩图。下面,我们来分别看一看这两种图形的判定和量价关系。

一、收敛图

收敛图的特征是高点平移或略微上移,低点逐渐上移。通常情况下,在价格判定上,我们要看到至少三个高点和至少两个低点;在价格波动幅度上,我们要看到在收敛图的末端,高低点之间的距离不应该过大,一般不超过10%。收敛图在判定上比较简单,大家可以观察图5-1-1和5-1-2体会一下。

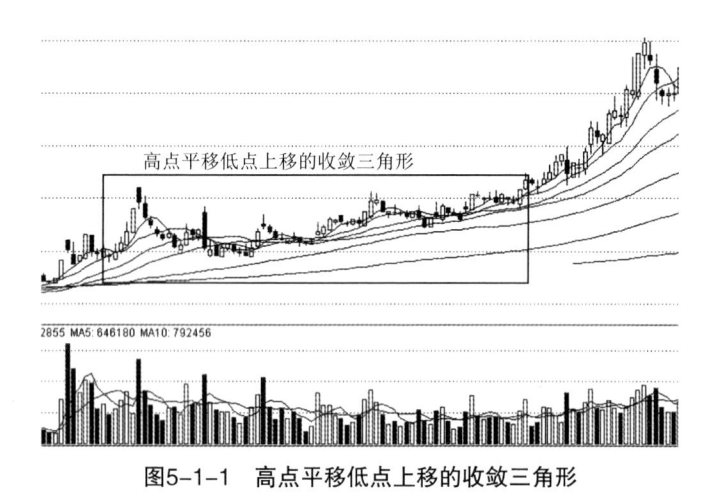

图5-1-1　高点平移低点上移的收敛三角形

收敛图识别起来比较简单,在K线图中出现的频率也比较高。那收敛图形成的原理是什么呢?

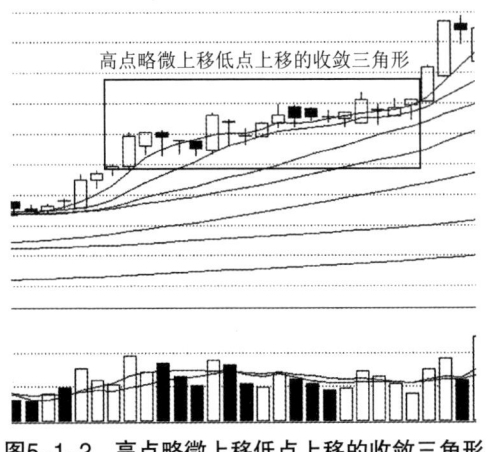

图5-1-2 高点略微上移低点上移的收敛三角形

收敛图其实是价格整理的结果。

我们再来看高低点的特征。高点平移或者略微上移、低点上移，说明向上的力量更强一些。所以在这种情形下，要等待收敛图突破上行、做多，多思考收益肯定会更好一些。当然这是在股票市场只能单向做多的情况下，选择向上的收敛图更好。

如果是在衍生品市场，向下的收敛图也是可以操作的。低点平移或略下移，同时高点下移，价格按照三低两高排序，并且收敛末端的宽度在5%以内，这样的收敛图向下的力量更强一些。

我们可以想象一下收敛图的形成过程。这个过程会经历一些量价的变化，通常情况下在收敛区间的内部，成交金额是缩小的或者均匀的，至少不会出现放量的迹象。

此外，在每次逼近收敛区间上沿或者突破收敛区间时是带量,而突破上沿之后要迅速放量,并且伴随量增价升的现象,有效地把价格从收敛区间打出去。

我们详细解释一下。

先看收敛图的内部。这个收敛区间本身就是一个整理的过程,也就是价格分歧逐步走向一致的过程。从分歧走向一致,往往也意味着抛压越来越小,同时买入也在变小。只有在这种情形下,图形才能够维持在一个越来越窄的波动区间里。

此外,每次试探收敛图上沿总是带量的,为什么?因为要带量突破,但同时可能会遇阻回落。这种遇阻回落为什么会低点依次抬高?我们可以这样来理解:假定价格高点的连线在10元附近,第一次突破10元没过去,回调到了9.2元或者9.3元左右;第二次再到10元附近的时候,还会放量突破,再突破不了就只会回调到9.5元、9.6元左右;等到第三次贴近10元的时候,可能还是突破不了10元,但是再回调可能会到9.8元左右。这就说明,虽然每一次冲击上面的阻力都存在且都失败了,但是后退的幅度越来越小,也就说明往上的力量越来越强,从而才能形成这样的图形。

这就好比我们冲锋,敌人的炮火非常猛烈。我们向上冲,第一次冲了没过去,退了1公里;第二次冲了没过去,退了500米;第三次冲了虽然也没过去,但是基本上没退;下一次可能一鼓作气就冲过去了。这就是收敛图的基本原理。

在收敛区间中,如果每次攻击上沿的时候都是放量的,我们就会希望放量的效率特别高。原先冲击上沿大概需要2亿元的成交金额，那么这次成交金额达到 2.5 亿元，是不是一下就能冲过去，并且多涨 3% 到 4%？如果是这样，说明效率确实比以前高。这就是我们所说的收敛图的量价要素以及背后的形成原理。

接下来，我们谈一谈如何估算突破所需的成交金额，以及选择什么样的成交金额标识找切入的位置。这里的成交金额估算和成交金额切入标识，就是三周期交易法中的小周期切入。在三周期交易法中，小周期的切入是非常细致的。小周期上的切入标识有两个：一个是成交放量，另一个是三分钟涨速超过 1%。成交放量的同时必须有涨速。有涨速说明惯性好、抛压小。放量要求确实有新增的资金。新增的向上力量过来，能够有效突破阻力。那多少新增资金才能有效突破阻力，这个放量怎么去衡量？

我在《交易之路》中提到，三周期交易法中的三个周期要按照均倍数划分。如果中周期是日 K 线，大周期是周 K 线，那么大周期的时间是中周期的 5 倍。根据均倍数的划分规则，小周期应该是 0.8 小时 K 线。然而，在行情软件中，0.8 小时 K 线是无法实现的。为了能在软件上实现，我们把 0.8 小时 K 线近似成 1 小时 K 线。但这里要注意，我们不能等 1 小时图走完，因为 1 小时图走完的时候，强势的个股已经涨停了。

为了能够尽早识别出趋势的形成，我们要观察 3 分钟涨速，即在 3~5 分钟的时间里，分时线是不是顺畅地向上运行，幅度够不够大，成交放量是不是显著。其实，这里的核心思想是通过这 3~5 分钟的量价惯性来预测这 1 小时中是放量还是缩量，从而实现右侧交易尽量靠左。

我们要怎么用 5 分钟或者 3 分钟的成交金额去推断 1 个小时的情况？我们要选择一段周期之内，比如 30~50 个交易日之内，观察这段时间的 5 分钟 K 线，看一看排前几名的成交金额的平均值大概是多少，用这个量作为一个标识，这是一种方法。

另一种方法就是把观察的颗粒度切割得更细一些。因为在连续的 3 分钟里，有可能某个 1 分钟涨速已经超过 1% 了。这个涨速超过 1% 的 1 分钟，实际上就是我们要观察的关键 1 分钟。

这个关键 1 分钟怎么去寻找？

一个简单的方法是先选取临近 20~30 个交易，选其中的成交金额前 6 名，去掉成交金额最高的，然后对剩下的 5 个取平均值。用这样的方式去选取成交金额，通常会发现开盘之后的十几分钟，特别容易出现这样的爆量和涨速。这也符合整个市场的一些交易特征。

有些强势股开盘就会有表现，或者隔夜有消息出来，需要在第二天集中反映。这时候，我们要在收敛图的小周期上去寻找放量标识。那在收敛图中会不会出现急速放量上行，然后又急速放量下行，在分时图上形成一个尖尖的"A"字形？或者在日 K 图上，3~5 个交易日会不会形成这种"A"字形？

完全有可能。那遇到这种情形，我们该怎么理解？这时要具体问题具体分析。以下按不同情形举例说明。

第一种情形是价格向上的时候是带量的,这时候抛压也许并不大。但价格涨到一定幅度之后,向上买入的力量一下子就没有了,反而出现了大手笔的抛单。这种现象并不罕见,而且往往出现在基金重仓股中。

出现这种现象,背后的原因并不复杂:往往是一些基金在建仓,同时有一些基金要从里面出来。建仓的那些基金,交易员就是为了完成工作,所以只要价格不超过指令单规定的范围,他们是不会考虑成本的,只会一路往上买。等这些基金交易员买完之后,重要的买入力量就不存在了。

如果恰巧有别的基金考虑在第二天或者第三天兑现,价格顺势就下来了。所以,我们会看到向上是带量的,向下也是带量的。基金重仓股多数情况是这样的。

第二种情形也比较常见,就是向上是带量的,但是价格不动。这说明什么?

这种现象首先意味着收敛图向上突破之后形成顶背离。这种顶背离是比较令人讨厌的,往往预示着上面的抛压比较沉重。因此一旦出现这种顶背离,价格往往会重新回到收敛区间。这一方面是消化这些抛压,另一方面也可能是多头主动减仓出局。

第三种情形是带量突破。突破了之后上行乏力,又缩量回调。向上是真正的突破,接下来跟风追涨的人并不多,但是往外抛的人也不多。这样才能在上涨的时候放量,回落的时候缩量。

在这种情形中,最重要的一个支撑位就是原先收敛区间的上沿。如果收敛区间上沿的支撑足够强，缩量回调到位，反身向上的概率就大，否则重回收敛区间的概率就大。但是这里要注意，回踩收敛区间上沿就意味着此前向上突破的力量并不够强。如果够强，外部一些追涨杀跌的资金就蜂拥而来了。

二、二踩图

二踩图的第一个特征是其整体结构是高点上移，低点也上移。其特点是：经过第一波上涨和第一波回调之后，均线系统得以修复，均线的运动状态从原先的空头排列（或者缠绕）变成多头排列；第二波上涨和第二波回调把均线完全修好。从均线结构来看，我们为什么要选二踩？首先，二踩的确定性更高一些；其次，很多一踩其实都只是下跌过程中的一些小反弹。

二踩图的第二个特征是时间周期是大体相当的。举个例子来说。第一波上涨涨了10个交易日、回调了5个交易日，第二波上涨涨了20个交易日、回调了10个交易日，这就叫涨跌的时间跨度大体相当。时间跨度能让我们更好地划分上涨和回踩。如果没有这种清晰的结构，而是有很多锯齿形涨跌，那就很难找到划分依据了。所以，这里划分一踩二踩的主要依据就是时间跨度。

一踩和二踩的过程都是缩量的。这里的缩量是冲高回落，回落就是向下的趋势，而这个向下的趋势是缩量的，这种情形就是背离。背离的原因是什么？是主动性的抛压比较少了。愿意获利回吐的人、想了结的人少，顺势的抛压就会相对少一些，这时候就会缩量。而且，往往贴到某一个关键的均线支撑位的时候，比如 20 日均线或者 10 日均线，就会缩量到位，然后再反弹上行。这里对于缩量的认定就很关键。那么这个缩量该怎么认定？我先把二踩图的特征讲完，然后再来谈认定的问题。

二踩图的第三个特征是第二波回落的低点位置不低于第一波上涨的高点，否则就踩得过深了。这也意味着第二波的高点可能要形成套牢。这样，第二波的低点跟第二波的高点之间大概率会形成一个震荡，后面也许会形成收敛图，而不太像二踩图。性价比也因此变得难以估计。关于性价比的问题，大家有兴趣可以看一下我的三周期交易法。图 5-1-3 和图 5-1-4 是二踩图的例子，大家可以对照图形来观察一下。

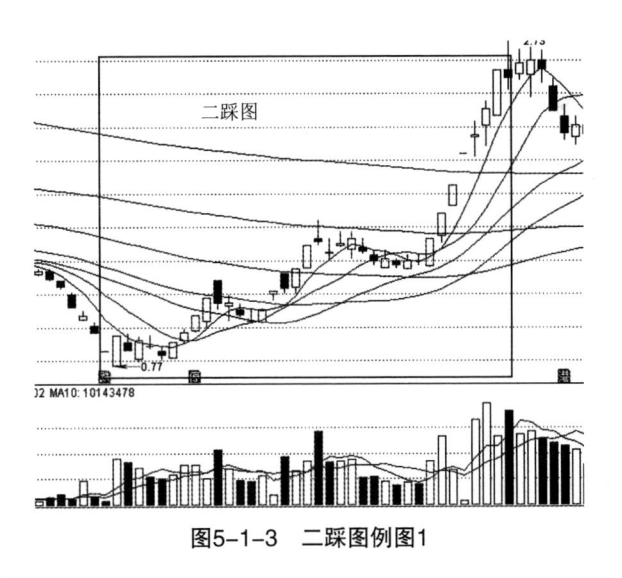

图5-1-3　二踩图例图1

第五章　趋势交易量价关系运用要点

图5-1-4 二踩图例图2

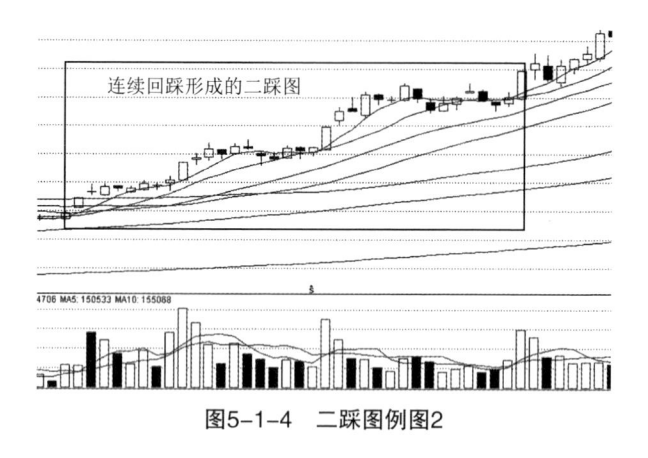

对于二踩图的定量，需要做非常仔细的对比。因为二踩的很多标识是可以参考一踩结构的。

比如，第一波放量上行，成交金额在10亿元左右，而在一踩回落的时候，成交金额在3亿元左右，缩量也就缩到了不足1/3。当第二波上涨时，最大的成交量在12亿元左右，相对来讲，缩到4亿元左右基本就是缩量到位了。这种方法是比较科学的。如果此时从12亿元缩量到了8亿元，就不能认定缩量已经到位。这是在二踩图上认定调整是否到位的方法。

如果一个二踩图回调到位了，缩量也到位了，那我们应该在最后一分钟买进去吗？

不应该。二踩图的切入点仍然要参考小周期的切入点，即三分钟涨速超过1%，并且成交放量。为什么要设立这个标准？因为这个标准说明缩量到位之后，又产生了向上的冲击力量。

这里，要认认真真再体会一下什么是在右侧交易中尽量靠左,在左侧交易中尽量靠右。具体怎么理解?

收敛图是典型的右侧交易,因为收敛图是突破之后再追。但二踩图不同,二踩图本身的结构就已经确定了上涨趋势,所以本身就是顺大势的,但切入的位置是缩量回调企稳的位置,也就是逆小势的,这就意味着二踩图的切入是偏左的。

结合之前曾经讲过的概念,我们来详细讲解一下这个问题。在收敛图上,因为要突破之后追涨,所以牺牲的是赔率,并且从确定性上得到了补偿。因此,对于收敛图,要在看到确定性的第一时间向上追。但二踩图不一样。二踩图牺牲的是确定性,从赔率上得到补偿。也就是说,收敛图是牺牲了低成本,换来了确定性;二踩图是牺牲了确定性,换来了低成本。这里,不论是用低成本换确定性,还是用确定性换低成本,要换得值、划得来才行。怎么样才能划得来?就是无论是牺牲低成本,还是牺牲确定性,都要获得额外的补偿。

对于收敛图来讲,放量和涨速是在确定性上加码的。也就是说,我们的确牺牲了一些成本优势,但在确定性上获得了更多的补偿,这就是划得来。

而对于二踩图,小周期上的放量和涨速是在确定性上给了新的补偿,弥补了之前牺牲的确定性。只有具备足够的确定性,才能相信这个二踩图确实踩住了,并且会反身向上。

在交易实践中,很多人在切入这种顺大势、逆小势的回调时,都会犯一个错误,就是刚刚回调到位就切入了,而忽略了再次反身向上的信号。其实,只有等再次反身向上的时候,才可以买回调，否则概率是不高的。这是二踩图中的量价要素。

第二节 寻找趋势的开始

一、圆弧底和圆弧顶

第三种典型的中周期 K 线图形是圆弧底和圆弧顶。圆弧顶和圆弧底的区别是比较大的，先说圆弧底。

圆弧底要经过漫长的下跌。这里的"漫长"，有可能超过一年，甚至更久。而且，当我们观察到图形走成圆弧底时，圆弧底的右侧已经基本形成。图5-2-1是一个典型的圆弧底。这种图形中，我们可以看到圆弧底底心的位置几乎是成交量最小的。

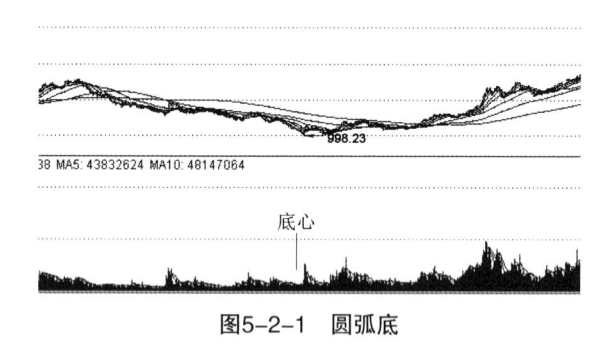

图5-2-1 圆弧底

当我们关注到圆弧底的时候，圆弧底的右侧已经开始悄悄地放量了。而且圆弧底右侧的结果并不见得是弧上来的，有可能是一些复合结构。这些复合结构有可能是二踩结构，或者完成一踩之后形成收敛结构，是多种多样的。

这里，我们得理解为什么在弧心（底心）的位置会缩量，而且在整个探到弧心（底心）的过程中，屡次反弹都是放量的，放量反弹之后，又会缩量，最终量越缩越小。我们可以假想一下，在一个漫长的下跌过程中会出现什么样的情形？一开始，先知先觉的人跑了，而这时候仍然有很多活跃的人在买，会形成高位的量价顶背离。

到了第二个阶段，那些主要运用技术图形的人开始认为图形已经不行了，这些技术派准备离场。这时候，当重要支撑位被击穿、价格破位下行的时候，我们看到的就是放量下跌。

最后，是那些绝望的小散户在里面一点一点地不断割肉。割肉的过程前面量大，后边越割人越少。很多人在价格20元时买的，跌到15元可能还舍得割肉，跌到5元的时候就舍不得割了。

在这种漫长的下跌过程中，你会发现成交量越来越少。但是跌到某种程度时，一定有人过来抄底，或者也有可能基本面会有一些新的起色。当这种起色出现苗头的时候，一旦有人过来抄底，就会表现出量增价升的反弹。由于跌的时间长了，这种反弹也可能会比较凌厉。结束反弹之后，可能转身又跌下去了。这一跌，可能又会套牢一批人，从而又产生漫长的下跌。经过这样一次又一次的反弹杀跌、再反弹、再杀跌，最终向下杀跌的力量几乎没有了，愿意去抄底的人也没有了。

前面提到过，圆弧底形成的第一个条件就是时间跨度非常大。有些圆弧底可能要磨一两年的时间，弧心的成交金额可能只有最高峰的1%。在这种情况下，这只个股已经到了无人问津的状态。然而，这时如果基本面发生了一些变化，或者有一些先知先觉的资金开始尝试去买入，那会出现什么样的现象？很有可能是略微一放量，价格就被一点点推起来。而且这个放量的过程可能是比较均匀的，或者是不显著的。道理很简单，毕竟跌了那么久，已经没人愿意关注了。所以，这种股票马上有人关注、爆量快速上涨的概率很低。

绝大多数的情况是，有人愿意一点一点地买。买的人也不见得是什么"主力"或者"庄家"，有可能是一些个人大户或者市场分析人士，发现这只股票跌了这么久，或者看到基本面已经有了起色，才会去买它。随着买的人越来越多，价格一点点也被买上来了。

一只个股的价格跌到某种程度之后，比如从20元跌到了3元，那么在3.3元到3.5元之间是有资金去买它的，这时候就会放量。放量了一段时间之后，在3.4元或3.5元的位置又买不到了，或者说是又没有人卖了。那么这个时候如果还有力量想买，就只能再把价格打高一点。所以我们才看到在圆弧底的右侧既出量，价格也有反弹，这实际上是一个圆弧底右侧的复合形态。

圆弧底的量价要素是很有意思的，只要呈现出上面提到的三个特征，我们就能断定圆弧底已经形成。这三个特征也是圆弧底的三个判定条件。

这里我们把这些条件总结一下：第一，下跌盘整的时间跨度很长，要在一年以上；第二，在漫长的下跌盘整过程中一直是缩量的；第三，在圆弧底弧心的右侧，我们已经看到成交放量。这里的放量，既可能是温和放量，也可能是小结构爆量。不论哪种，都是在放量。而放量反弹之后，就有可能形成一些复合形态。这些复合形态有可能是收敛图，也有可能是二踩图，还有可能是上涨加速之后回调，在高低点之间形成收敛。

对于圆弧底，我们应该怎么确定切入时机？其实仍然是两条：一是3分钟涨速超过1%；二是5分钟K线成交放量。成交放量的判断方法跟收敛图是一样的。当然，如果你有一些自己判断放量的方法，也可以尝试一下。这些判断方法，都是为了方便有效地切入圆弧底。

我们再来看一看圆弧顶。图5-2-2是一个典型的圆弧顶。

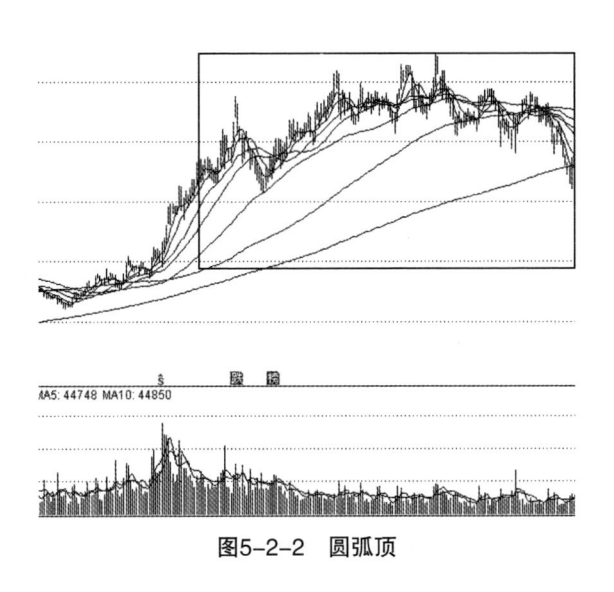

图5-2-2 圆弧顶

相比圆弧底，圆弧顶会略微复杂一些。

首先，圆弧顶维持的时间不会特别长，绝大多数圆弧顶只能维持3~4个月，维持2~3周也是常态。原因很简单，股价在高位维持高换手，对市场中做多力量消耗得会特别快。所以，圆弧顶通常不会维持太久。

图5-2-3是一个时长不超过两个月的圆弧顶。我们结合这张例图来讲解。

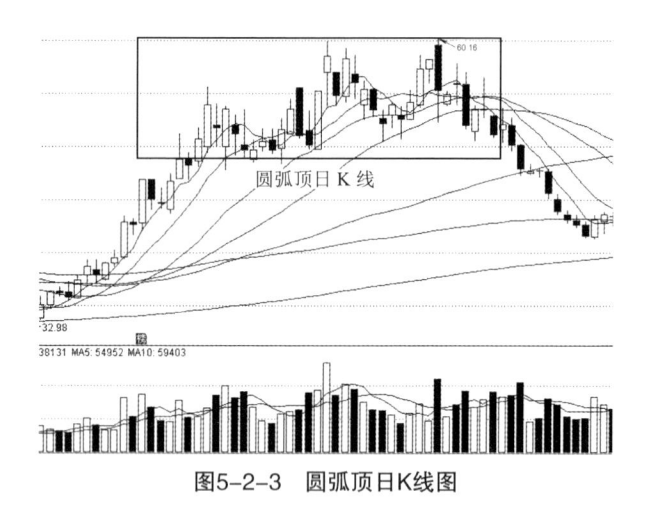

图5-2-3 圆弧顶日K线图

首先，这张图中量放得很大，但是价格不涨了。这里所谓的"量大"是相对于前面趋势上涨过程中的成交量而言的，而这里的"不涨"也是相当于震荡的宽度而言的。在图5-2-2中我们可以看到，在圆弧顶的部分，明显已经在放量，但价格呈现出宽幅震荡。

这一点在上个章节已经说得很清楚了。这种图形的特点就是放量不涨，形成量价顶背离。相比于圆弧底，这是圆弧顶的第一个不同点：圆弧底是缩量的，越震荡量越小；而圆弧顶则不同，圆弧顶是放量的，有明显的量价背离。

我们来看小周期的K线组合，下面以5分钟K线为例。图5-2-4是对应图5-2-2这个圆弧顶的5分钟K线。

A股日开盘4小时，1小时里面有12个5分钟，也就是说，每个交易日会有48根5分钟K线。而在20多个交易日里，就会有1000多根5分钟K线。如果在这1000多根K线里，带量的阴线多，带量的阳线少，这就是圆弧顶的第一个标志性特征。

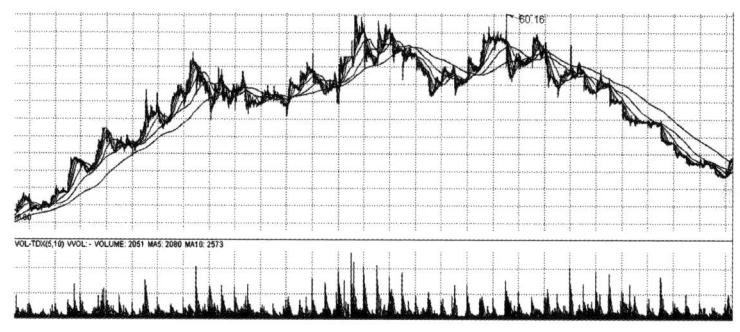

图5-2-4 圆弧顶5分钟K线图

我们继续观察图5-2-4。当这个圆弧顶开始形成的时候，可以发现在弧形的左侧量是偏大的。而越靠近右侧，成交量越小。这说明主动向上的力量越来越小。当圆弧顶发展到了最右边的时候，也就发展成了持仓的人不太舍得卖，而持币的人更不愿意买的局面。这是圆弧顶的第二个标志性特征。

圆弧顶一旦开始下跌，速度是非常快的。有可能是一天跌5%的大阴线直接破位，或者两三天的时间跌百分之二十几，一步跌到位。这是圆弧顶的第三个标志性特征。这里可以跟圆弧底再对比一下。圆弧底的右侧往往是复杂的复合结构，而圆弧顶的右侧就是加速下跌。在圆弧顶的右侧加速下跌之前，我们往往能在小周期上看到雨滴线。

雨滴线是连着的三根阴线。阴线的柱体越来越大，同时每根阴线都是在逐步放量的。这些阴线有可能是光头光脚的，也有可能带影线，就像雨滴一样。

一些跌得很快的圆弧顶，可能连雨滴线都看不到，价格直接就杀下去了。为什么圆弧顶的右侧会快速杀跌？因为市场对于恐惧的反应要比对于贪婪的反应快得多。我经常强调，在市场里做空的难度高于做多。原因就在于，做多的节奏更容易掌握，而做空的节奏瞬间就来了。

在放量加速下跌之后，有可能会出现缩量，缩量之后又会放量加速下跌，这个过程会一直持续到巨量跌到位。很多极端走势，比如连续跌停板，成交量的放大和缩小也具有这样的特点。在前一两个跌停板上，成交是放量的，因为那时候还有争议。而发展到中期，每天都是一字跌停，这个时候事实已经很清楚了。有可能是一些基本面因素导致无量跌停，在跌到某种程度之后，巨量开板。

面对这种情况，你会在第一次巨量开板时切入吗？

千万不要有这种想法。因为上一章我们讲翻转交易时，下跌末端放巨量，后面可能有两种情形。

第一种情形是震荡整理之后缩量继续下跌。巨量开板仅仅是一个下跌中继。

第二种情形是巨量开板，在这里打箱体，然后轻松地开始缩量上涨弱反弹。缩量上涨就是弱反弹在延续，缩量下跌也就是继续寻底。只有放量上涨才是比较强劲的反弹。

其实，我们在做交易的时候，脑子里会不停地规划后续走势，或者说会不停地猜测后续走势，对后市的每一种情形都会赋予一个可能性判断。比如，你认为后边直接跌破的可能性有多大，横盘的可能性有多大，横盘之后缩量上行的可能性有多大，横盘之后缩量下行的可能性有多大。

对于这些可能性，要分别赋予一定的权重，而且要针对每一种可能性来制订行动方案。每一个过程都要进行这样的加工，对情形的分析和对应的行动方案要做到不重不漏。只有这样，你在操作的时候才会胸有成竹。

除了圆弧顶，其他一些常见顶底形态已经在第四章中介绍过了，大家可以再复习一下图形结构，这里不再赘述。接下来，我们重点讲这些常见顶底形态的切入时机。

二、顶底形态的颈线突破

对于顶底形态，我们要注意颈线的位置。一般来讲，我们要通过颈线的突破来判断此前顶底形态的确立。我先来说一说什么是颈线。

M头的颈线，就是通过M头中间低点的水平线。在图5-2-5中标记的水平直线就是M头的颈线。

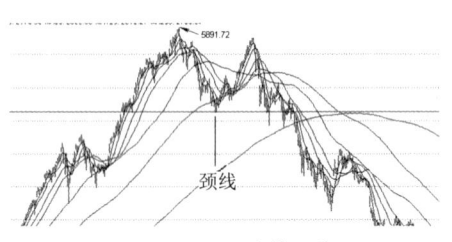

图5-2-5　M头的颈线

我们再来看一下头肩顶的颈线。头肩顶的颈线是中间两个低点的连线。在图5-2-6中标记的直线就是头肩顶的颈线。

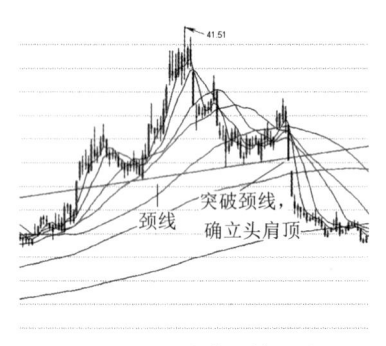

图5-2-6　头肩顶的颈线

对于颈线，我们要看这个位置放不放量。如果是放量，那就要很干脆地杀下去，基本可以断定这里是短期头部。后面调整的跌幅有多大，要具体看什么时候缩量、什么时候调整到位。

如果跌破颈线的时候一点抵抗也没有，这就更倾向于阴跌。整个阴跌的过程应该是持续缩量的过程。这种缩量往往都是前面涨太多了。这种情况在指数上更容易出现。

图5-2-7是上证指数在2007年9月到2007年11月初之间形成的头肩顶。

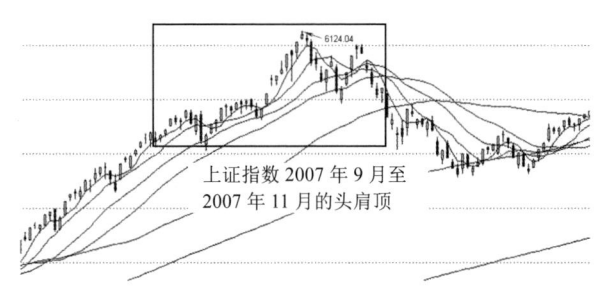

图5-2-7　上证指数2007年9月到2007年11月的头肩顶

在头肩顶的右肩，指数跌破5500点的时候，技术图形非常清晰。但此时很少有人能意识到这里是头肩顶跌破颈线的位置，后面会深不见底。

上面这是顶部形态。在技术图形上，底部形态也是相似的。像这样的一些图形，我们只有在做翻转交易的时候才会去操作。上一章我们讲过，翻转交易本身是一个偏左侧的交易，所以要拿到更多的确定性。这一章我们讲的是趋势交易，对于趋势交易来说，这些顶底形态可以帮助我们判断趋势的开始。

当找到趋势的开始之后，我们就更容易顺着趋势的方向去寻找趋势的停顿。这也就回到了本章第一节的内容。

第三节　常见K线组合

K线组合中有一些常见的很典型的形态，比如红三兵、雨滴线、吊颈线等，这些形态也具有一定的指示意义。接下来我一一讲解。

一、红三兵

所谓红三兵，就是连续三根小阳线向上，并且阳线的实体越来越大，对应的成交量也越来越大。这样的图形在表达什么？

红三兵是在表达上涨的冲动，有很多资金愿意来追涨，当天追涨的人比前一天还多。随着越来越多的人追涨，可能就会面临加速。图5-3-1就是典型的红三兵。

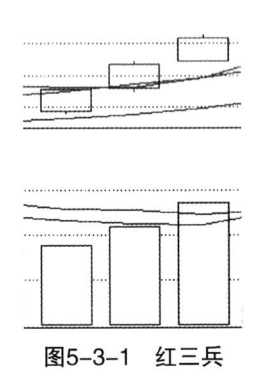

图5-3-1　红三兵

二、雨滴线

雨滴线是连续三根小阴线向下，阴线的实体也越来越大，对应的成交量也越来越大。所以，从图形上看，雨滴线恰好跟红三兵是对称的。

雨滴线表达的是下跌的冲动。当天有人杀跌，而且比前一天杀跌的人更多，恐慌的情绪在积累，加速下跌很快就会到来。

图 5-3-2 是典型的雨滴线。

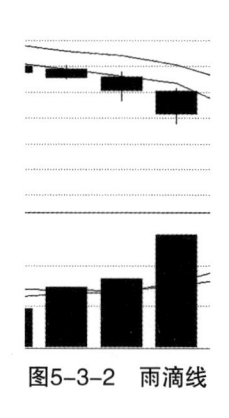

图5-3-2 雨滴线

三、吊颈线

吊颈线是一个下影线很长，实体很短的 K 线，阴线阳线都可以，样子很像字母"T"。

试想一下，一开始是连续的碎步小阳线，然后有一天缩量了，形成一个这样的吊颈线。这种图形往往意味着上行的动力不够，否则价格的运行就不会是这个样子。而下影线意味着确实有向下的抛压，不然盘中不会下跌。缩量意味着追涨买入的力量比此前减弱了。

之所以会形成吊颈线，是因为价格在按照惯性延续此前的上涨趋势，但抛压已经出现了，只是还没有变得太强。

这时候，吊颈线出现后的下一个交易日就变得很重要了。如果第二天完全在前一天吊颈线的下影线里走，那么图形基本上就坏掉了，意味着此前的上涨趋势要转势了。如果价格能脱离吊颈线的下影线，甚至走出新高，那么吊颈线就被消化掉了。

图 5-3-3 就是典型的吊颈线。

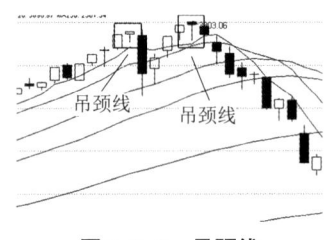

图5-3-3　吊颈线

四、K线组合背后的力量的特征

不管是什么样的K线组合，重要的都不是K线组合本身，而是通过这些K线组合和成交量变化，来识别背后的一些驱动性力量的特征。

举个例子。比如，前一个交易日的K线是带上影线的小阴线，后一个交易日的K线是带下影线的小阳线，第一天的成交量比第二天小。这一组合就描述了一种比较有趣的场景：往上走，上不去，上档有压力；往下走，也下不去，下档有支撑。看成交量的情况，第二天量大，第一天量小，说明下档的支撑比上档的压力显著。那价格为什么没有直接涨起来？因为下档的支撑只愿意逢低买，不愿意追涨买。图5-3-4就是这样的组合图形。

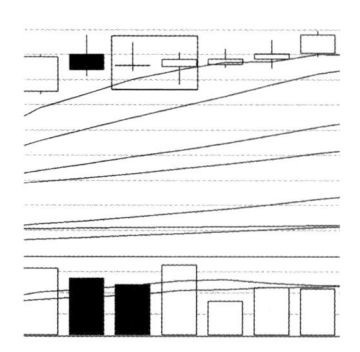

图5-3-4　带上影线的小阴线和带下影线的小阳线

如果你在场外持资金观望，那么你最关心的是什么？你最关心的是这只个股是不是有足够的吸引力，从而能让场外的资金从原先的逢低买变成追涨买。不用思考到底有哪些因素可以促使大家追涨买，只需要观察图形上有没有出现连续放量上涨。

我们研究量价关系，实际上就是研究价格波动背后，资金对某个标的交易行为的描述。通过这种描述，我们可以针对个股的波动形成一种观察方法。

典型的K线组合有很多种，不可能都罗列在一个章节里。面对这些K线组合，我们要学会从量价的角度去分析。要知道，一般来讲，只要第二天的价格比前一天高，那就说明多头的力量会略强一些。如果是放量，就说明主动性更强一点。而下影线表达的是投资者只愿意逢低买，不太愿意追涨。如果没有光头大阳线，上影线代表的是往上冲的力量敌不过往下砸的力量。

这里边都会有一些基于量价关系的推理。大家如果感兴趣，可以自己找一些 K 线图，尝试着按照量价关系来推理。

最后，在 K 线特征里，我们对于量价配合应该有一个更直观的认知。

在 K 线图上，我们看到的要素包括 K 线图的具体形态、K 线组合的具体形态、均线结构、量价关系。在我看来，这些要素中最核心的是量价关系，其次是 K 线高低点的相对位置。把量价关系和相对位置结合起来判断，对 K 线的描述就会更清晰一些。

举个例子。比如高点平移、低点平移，这就形成了一个震荡区间。在震荡区间中，有规则放量一阵，不规则放量一阵，那么大概率整个位置没有什么可操作性。

如果是高点、低点都上移，这就形成了上行趋势。接下来我们看小周期。如果在小周期里向上的阳线比向下的阴线更多，那就没有形成背离，大概率就是一个放量上涨的趋势，而现在仍然处在这个趋势中。如果是一个上升收敛三角形，那么在图形的末端可能会出现红三兵。如果出现了红三兵，那么向上的概率就更大了，一旦发现有三分钟涨速超过 1% 且成交放量，就应该勇敢地追进去。

所以，我们分析一个过程、选择一个标的、观察一个K线图，需要思考的内容是非常多的。我上文只讲了量价关系、价格运行的趋势，包括均线的形态，还没有讲周期的长度，中周期、长周期、短周期各是什么样子，以及更短的5分钟结构又是什么样子。这些周期里的量价关系是一层一层地嵌套。每一层嵌套可能会对你的中周期产生正向的共振，也有可能是反向的干扰。如果共振要素多，反向干扰因素少，往往意味着价格在中周期结构上，你判断的准确率会更高。大家要学会用这样的方式去思考。

这一章我讲了很多典型中周期K线图形的量价关系，以及在这些量价关系背后的深层次原因，希望对大家有所启发。

小贴士

有些个股涨势非常凌厉，短时间内就会有很大的涨幅，然后在高位反复震荡，换手率变得非常大。这种高位高换手的情形，往往意味着这只个股已经涨到头了。但有一种情形例外。在高位震荡的过程中，换手率一点一点变小，价格仍然在高位横盘，如果图形走成这样，还能再次放量向上突破，那么这只个股的走势在后市仍然可能非常凌厉。这种图形的量价关系非常有意思。高位震荡，同时换手率很高，这是量价背离中量增但价不涨的情形。随着时间的推移，量价背离变成了量缩但价不跌的状态。虽然价格仍然没涨，但获利盘已经消化了很多，否则不会演变成量缩但价不跌的状态。这样向上的阻力也就小了很多，一旦有外部力量再次向上推动，新的上涨趋势可能就会形成。

第六章

衍生品交易中的量价关系

前面各章，我们主要聚焦股票市场。这一章，我们把视野拓展到衍生品市场。衍生品市场与股票市场是完全不同的。比如衍生品市场中的持仓量、开平仓、交易对手，这些概念在股票市场中都是没有的。接下来，我们就从这些概念开始，逐步了解衍生品交易中的量价关系。

第一节　衍生品交易的基本概念

目前，我们的金融衍生品主要包括股指期货、股指期权、股票期权、国债期货。股指期货、股指期权、国债期货都是在中国金融期货交易所进行交易。股票期权是在上海证券交易所和深证证券交易所进行交易。

我国目前的股指期货有沪深300指数期货合约、中证500指数期货合约、中证1000指数期货合约、上证50指数期货合约，股指期权有沪深300指数期权合约、中证1000指数期权合约、上证50指数期权合约，股票期权有上证50ETF[①]期权合约、沪深300ETF期权合约。

这些都是标准化合约。所谓的标准化合约，就是合约的内

---

① ETF是交易型开放式指数基金。

容都是事先由交易所确定好的。要了解这些合约的详细内容，大家可以登录交易所官方网站进行查询。理解合约细则，是参与衍生品市场的前提。在了解细则之后，我将为大家讲解一下衍生品交易中的基本概念。

一、交易对手和开平仓

股票市场中是不存在交易对手的。有人持有股票，有人不持有股票，不持有股票的人拿钱去买股票，持有股票的人把股票卖掉换钱，这样股票就会在不同人之间转移，这叫换手。股票市场是现货交易，在完成交易之后是钱货两清的。参与股票市场，可以赚上市公司盈利的钱，就是所谓的分红（包括回购），也可以赚资本利得的钱，就是股价上涨带来的盈利。因为有上市公司分红的存在，所以股票交易是一场正和博弈。

衍生品市场与股票市场完全不同。衍生品的本质是合约。一张标准化合约有一个买方（也叫多头）和一个卖方（也叫空头），这张合约的买方和卖方互为交易对手，这就意味着买方赚的钱就是卖方亏的钱，或者卖方赚的钱就是买方亏的钱。也就是说，衍生品交易中，你要赚交易对手的钱。这很残酷，也说明衍生品交易是一场零和博弈。这也意味着，衍生品交易的难度要高于股票交易。

每张衍生品合约都有多空两面。参与者是多方还是空方，取决于其是买方还是卖方。买方就是多方，卖方就是空方。如果你看涨，那就去做多，你就是买方。你要做买方，就要向交易所缴纳保证金，开立一张合约，这就是开仓。多头去开仓，就叫买入开仓。你做买方，那就必须得有人做卖方，这个卖方就是所谓的交易对手。你是做多的，那么你的交易对手就是做空的。你的交易对手也要向交易所缴纳保证金，去开立这张合约，这也是开仓。空头去开仓，叫作卖出开仓。

如果合约价格涨了，你赚钱了，想退出这张合约，把保证金拿回来，这就是平仓。因为你是买入开仓的，所以平仓的时候，自然就是卖出平仓。相对应，如果你的交易对手要退出这张合约，把保证金拿回来，也是在平仓。因为你的交易对手是卖出开仓的，那么平仓的时候，自然就是买入平仓。这就是开平仓的概念。如果你是从别的多头那里接过来一张多单，这是多头在换手。多头可以换手，空头也可以换手。关于多头换手和空头换手，我会在后面详细讲解。

二、持仓量

上文讲道，缴纳保证金开立合约就是开仓，拿回保证金退出合约就是平仓。从而建立了开平仓的概念。有开平仓的概念，自然也就有持仓的概念。你开仓了，但是还没有平仓，这种状态就叫持仓。市场里有很多参与者，这些参与者有多少已经开过仓但还没有平仓，这个总量就是持仓量。

前面提到，做衍生品是互为交易对手的。一个多头必然对应一个空头。也就是说，有一个多头没平仓，必然有一个空头没有平仓。所以，如果计算开过仓但还没有平仓的总数量，那么多头和空头必然各占一半。因为一张合约必然有一个多头和一个空头,所以按照上面的方法计算持仓量,显然多算了一倍。因此,只按照单边计算持仓量就可以了。

而期货的持仓量是无限的,只要看多的人愿意成交,有价格分歧,多头和空头就会开仓,持仓量就必然越来越大。

现在大家可以想一想,衍生品交易和股票交易不同之处在哪里?

股票的总股本是有限的。买入股票,股票的可用余额就会增加,账户的可用资金会减少;卖出股票,股票的可用余额就会减少,账户的可用资金会增加。

但衍生品不是这样的。衍生品做多的时候,要买入开仓,获利兑现时可以不选择平仓,而是同样选择卖出开仓。这就等同于一个人既持有一张多单,又持有一张空单,这两张单子产生的权益变化相互抵消,从而使你的账户权益不变,这也就等同于平仓了。这样的操作叫作对锁,或者锁仓。从交易层面上来讲,似乎衍生品单在开平仓标识上就比股票交易复杂得多,更何况衍生品还涉及非常规范的交割流程。因为这两张单子都是开仓的状态,所以参与者仍然要履行交割的义务。股指期货是现金交割的,所以当合约到期履行交割义务的时候,两张单子会相互轧差,从而账户权益仍然不变。但商品期货、国债期货和股票期权是实物交割的,这会涉及非常规范的交割流程,问题就变得更加复杂。

第二节　衍生品成交量的两个维度

一、持仓量的含义

因为有了开平仓和持仓量，所以衍生品的成交量比股票多了一个维度。股票的成交量只有一个维度，就是成交数量或者成交金额：交易了多少股份，就有多大的成交数量；交易了多少金额，就有多大的成交金额。衡量股票交易是不是活跃，就看成交数量或者成交金额大不大。

但期货交易的成交量有两个维度：一个是成交数量，另一个是持仓量。成交数量仍然可以衡量市场交投的活跃情况，成交数量越大，成交也就越活跃。

那持仓量可以衡量什么？通俗地讲，持仓量大，意味着更多的人"下注"押一个方向；持仓量小，意味着愿意"下注"押一个方向的人比较少。

二、期货的两个基本功能

期货有两个基本功能：一是价格发现，就是所谓的投机；二是套期保值，就是期货的交割功能。这里普及一点基础知识，无论是商品期货还是金融期货，在临近交割的时候才会显示出强大的交割功能。因为临近交割的时候，期货价格会贴近现货价格，完成期货与现货之间的价格归拢。当然，在交割的时候，期货价格并不完全等同于现货价格，二者会有一些偏差。一般来讲，决定期货价格的是最便宜的可交割标的。在国债期货里，这叫 CTD 券，也就是最便宜的可交割券。在商品期货里面，这就是成本最低的仓单。为什么这么说？这个道理很简单，如果期货价格比较高，而 CTD 券价格比较低，或者仓单价格比较低，那就做多 CTD 券或者买入仓单，同时做空期货。期货到期交割的时候，用 CTD 券或者仓单进行交割，这样就实现了无风险套利。

三、商品期货的扩仓区间

一个期货合约在存续期间，持仓量总体上会呈现出非常有规律的先由少变多再由多变少的过程。

持仓量从少变多的过程，一般叫作"扩仓"。扩仓能扩到多大，取决于投机的人和套期保值的人参与的意愿。投机的人和套期保值的人参与得多，扩仓之后的持仓量就大；参与的人少，扩仓之后的持仓量就小。某个月的合约如果成为同一个品种各月合约当中持仓量最大的，同时成交数量也是最大的，那么这个合约就是主力合约。这时候，大家的交投兴致比较浓厚，都愿意在这个合约上进行交易。

过了一段时间，持仓量就开始往下走了。为什么？因为当前这个主力合约临近交割了，不想交割的人都在平仓，持仓量自然也就减少了。那大家在做什么？大家把目光转移到了下一个主力合约上。

举个例子。2023 年国庆节期间，最活跃的股指期货合约应该是 10 月合约，10 月合约会在 10 月的第三个周五现金交割。

那么在 10 月的第三个周三或者周四，10 月合约的交易量就会下降，持仓量也会往下走。原因在于很多人不愿意参与交割。

这些不愿意参与交割的人会去交易 11 月合约。在这个临近交割的时段，10 月合约的持仓量和成交量会逐步变小，11 月合约的持仓量和成交量会逐步变大，这个过程就叫移仓或者换月。

商品期货移仓的规律性要更强一点。因为股指期货成为主力合约之后，存续期也就只剩下一个月了，所以股指期货很难影响现货价格的波动，反而股指期货的价格更容易受到现货的影响。但商品期货完全不同，商品期货的主力合约一般是 1 月、5 月和 9 月（或者 10 月）三个大合约。久而久之，很多现货商做交易的时候，就会参考这三个大合约的价格。

在这里举例说明，假如我是一家铜现货贸易商，你是下游用户。你问我铜多少钱一吨，我可能会直接卖给你一个基差合同。这里的基差合同，就是你有权利要求我以什么样的价格让你去行使购买权利。假设当铜期货的价格跌到每吨 7 万元的时候，你跟我讲你要行使购买的权利，就可以要求我点价，这时候我就会直接按照铜期货（每吨 7 万元）的价格卖给你。

双方为什么要用这种方式来进行现货交易呢？这里就涉及套期保值。我卖给你一份基差合同，同时就会在商品期货市场上做空一张铜合约。这样，在你真正付钱买现货铜之前，我就不用担心现货铜价格下跌了，而是完全锁定了利润和风险。等你要买的时候，我就按照当时期货市场上的价格给你，同时再把铜期货的空单平仓，现货发物流给你就可以。

这种基差交易开始大行其道之后，就导致 1 月、5 月、9 月（或者 10 月）这三个大合约出现了一个非常规律性的特征。这个特征是：如果 1 月合约是多头合约，5 月合约就有可能是震荡合约，而 9 月（或者 10 月）合约就很有可能是空头合约。

商品期货的价格主要跟着库存周期波动。库存周期本身是比较短的，一个完整的库存周期包括主动补库、主动去库、被动补库、被动去库。这些过程对应的价格表现是不一样的。同时，1 月、5 月、9 月（或者 10 月）这三个大合约都要持续成交。交易最活跃的时间会维持 3~4 个月。在这个过程中，很容易遇到某个库存周期的某一个阶段。因此，这三个大合约中的每一个合约可能表现得完全不同。这也是早年间我做商品期货套利交易的时候，特别排斥同一个品种不同月份之间升贴水交易的原因。这种交易方式只关心价格波动的统计数据，完全不关心库存周期的情况。做这种交易可能会亏大钱。

基于上面这些内容，我们继续看持仓量的问题。对于持仓量，我们关注的焦点在扩仓区间。先解释一下什么是扩仓区间。在一个期货合约的存续期之内，一定有一个持仓量由少变多的过程。这个过程会覆盖一段成本区间，这个成本区间就是扩仓区间。

我们拿螺纹钢期货为例。当前螺纹钢主力合约是 2024 年 1 月合约（Rb2401）。2024 年 1 月合约的意思就是到 2024 年 1 月进行交割。在 2023 年 1 月合约摘牌之后，这个合约最初开始挂牌。也就是说，Rb2401 是在 2023 年 1 月 17 日挂牌的。

这个合约刚挂牌的时候，持仓量是 0。第一天持仓量增加了 573 张，第二天持仓量增加了 140 张，变成了 700 多张，然后第三天增加到 800 多张。

早期，持仓量很小的情况并没有什么意义。一直到 2023 年 10 月合约（Rb2310）变成主力合约，2024 年 1 月合约（Rb2401）就会变成次主力合约。这时候，2024 年 1 月合约（Rb2401）就变得非常活跃了。当 2024 年 1 月合约（Rb2401）变成次主力合约的时候，持仓量就达到了 18 万张。从这个时候开始一直到 Rb2310 交割完毕，Rb2401 的持仓量逐渐从十几万张达到 170 万张以上，接近 180 万张。也就是说，Rb2401 这个合约的扩仓区间持续了这么长时间。螺纹钢这个品种是比较特别的。其他工业品的合约都是 1 月、5 月、9 月这三个大合约，而螺纹钢是 1 月、5 月、10 月三个大合约。这跟以前电子盘的一些交易习惯有关。对于螺纹钢这个品种，10 月合约摘牌之后，1 月合约才会成为主力合约，所以其 1 月合约的扩仓时间会比其他工业品的合约多出一个月。

在这个长长的扩仓时间段中，扩仓区间大概是多少？我们应该关心什么？

我们应该关心两个问题：第一是扩仓的这个时间跨度有多长，第二是覆盖成本大概是多少。这里的覆盖成本，我们看均价就可以了。一些期货行情软件都有区间统计的功能，直接可以把区间均价统计出来。

或者用均线也可以推断出来。Rb2401 从 2023 年 5 月中旬开始交投活跃，我们从 6 月开始计算就可以，那么其扩仓的时间跨度是 6~9 月这四个月。到 10 月，Rb2401 就是主力合约了。在 6~9 月这四个月中，一共有 80 多个交易日，从而直接看 80 天均线就行了。

这是非常简单的办法。看 80 天均线，扩仓区间增加这么多持仓，平均价格毛估就在 3740 元左右。之所以要毛估这个扩仓区间的平均成本，是因为几乎可以用其直接判断这个合约是多头合约、空头合约，还是震荡合约。

商品期货合约也好，金融期货合约也好，都有自己的存续周期。比如螺纹钢期货，一个主力合约大约存续 4 个月。而一些股指期货的合约存续期是非常短的，比如 7 月的股指期货合约，是在 6 月合约摘牌之后才挂牌的，所以只存在两个月。在 6 月合约还是主力合约的时候，挂牌的合约分别是 6 月、7 月、9 月、12 月这四个合约。而到了 7 月，6 月合约已经交割了，7 月合约成了主力合约。这时候挂牌的合约就变成了 7 月、8 月、9 月、12 月这四个合约。到了 7 月第三个周五，7 月合约交割摘牌，所以 7 月合约的存续期最多也就两个月。但如果是季月合约，存续时间就会长很多。季月合约就是 3 月合约、6 月合约、9 月合约和 12 月合约。6 月合约会在 12 月合约成为主力合约的时候挂牌，到次年 6 月的第三个周五才会交割摘牌，所以 6 月合约的存续期有半年。

所以，一个合约的存续期可以长，也可以短，但不管是长还是短，所有期货合约都有自己的存续周期。当一个合约的扩仓成本比较高的时候，在存续周期中继续大涨的概率就会比较小；而当扩仓成本比较低的时候，大涨的概率就比较大。

那么，扩仓成本多高才算高，多低才算低，应该怎么判断？还是以螺纹钢期货为例。前文讲过，Rb2401 的扩仓成本大概在 3740 元。这里又要用到前面讲过的相对价格和绝对价格。螺纹钢期货历史上有价格很高的时候，最高的绝对价格到过 6100 元，这一定是高了；价格低的时候在 2014 年、2015 年，曾经低到过 1900~2000 元。螺纹钢期货价格的波动非常有弹性，历史上的最高价格是最低价格的大约三倍。这意味着如果库存周期很极端，那价格可能会涨得很高，也有可能会跌得很低。

那 3740 元附近这种扩仓成本，到底是高还是低呢？我们就看看最近一两年螺纹钢的绝对价格是什么水平，这个价格可以参看螺纹钢指数，也可以看螺纹钢主连。上一个螺纹钢主力合约是 Rb2310，它的价格实际上非常低。Rb2310 价格低的时候到过 3389 元，高的时候临近交割到过 4300 多元。综合来看，3740 元这个位置并不算绝对的低，但也不算绝对的高。

这样，我们就可以定性了。从扩仓均价来看，Rb2401 成为一个空头合约的概率很小。此外，我们再来看看宏观经济数据。2023 年国庆节前后，宏观经济出现了一些明确的复苏迹象：7 月数据比 6 月数据好，8 月数据比 7 月数据好，9 月数据比 8 月数据好。如果 10 月数据比 9 月还要好，那 Rb2401 成为单边下跌空头合约的概率就非常低。

原因很好理解。大家押方向的时候，价格都很低。空头做空的成本比较低，多头做多的成本也比较低。相对而言，多头获胜的概率可能会更高一点。当然，空头也不是不明白这一点，之所以还进行这笔交易，有可能是为了套期保值，也有可能是为了套利，做多铁矿石、做空螺纹钢来做空钢厂利润。这个市场有各种各样的交易模式，但我们只从这个合约的持续期看，得到的结论是这个合约出现单边下行的概率是比较低的，剩下的无非是震荡或者单边上行。

这是我们基于持仓量和扩仓平均成本的一种合理考虑。我们在分析的时候，要一方面搭配扩仓的情况，另一方面考虑库存周期的因素。同时，对于这些现象，我们还要抽丝剥茧地去看整个过程中究竟是多头更主动，还是空头更主动。

要怎么看多头更主动，还是空头更主动呢？衍生品交易中，委托成交之后，分时成交中会显示成交标识。通过这些成交标识，我们能找到蛛丝马迹，来辨别多头和空头谁更主动。

四、成交标识

分时成交中显示的成交标识大致可以分为四类。

第一类是多开和空开。多开的意思是多头在开仓。空开的意思是空头在开仓。既然是开仓，那就意味着持仓的总量是向上的。

第二类是多换和空换。多换的意思是多头换手。多头主动往上买，应该是在主动发力。但是多头并没有跟空头成交，而是跟之前原多头的平仓委托成交。这就相当于多头换了一个人，所以叫多头换手。这里，新多头开仓持仓量增加，原多头平仓持仓量减少，导致持仓量总数不变。空换就是空头换手，意思跟多换基本一样，只是发生在新空头和原空头之间。

多开和多换都是新多头在卖价上主动成交的，而空开和空换都是新空头在买价上主动成交的。

第三类是多平和空平。多平是指多头平仓，空平是指空头平仓。既然是平仓，那么持仓量必然是下降的。多平和空平恰好跟多开和空开的情形相反。

第四类是双开和双平。这两种情况都是比较巧合的。双开就是多头和空头都是开仓，但既不是在卖价成交，也不是在买价成交，而是在中间一个看不到的价位撮合成交。比如，你要开100张多单，我要开100张空单，咱俩恰好在中间位置上被交易所撮合成交，这就叫双开。这样，持仓量会直接增加100张。双平也是同样的道理，只不过咱俩不再是开仓，而是平仓。如果是双平，那么持仓量直接减少100张。

在成交的过程中，虽然多开、多换、空平的方向都是向上的，但持仓量的变化是不同的。而通过观察持仓量的变化，往往能找到一些行情上的蛛丝马迹。

举个例子。假如期指的K线图在收敛，成交比较平静。突然间成交一笔20多张单子的多开，并且连续出现十几二十多张这样的大单多开，明显是多头在主动发力。而且，多头是在主动向上找空头成交，而空头相对更被动一些。多头宁愿追涨也要开仓，空头被追着往上跑，这就是在盘面上观察到的主动和被动的关系。

要怎么才能看出来一个开平仓区间中主动和被动的关系？只

能用眼睛盯着。因为从逻辑上讲，有多少多头就有多少空头。只不过在增仓或者减仓的过程中会有同方向的换手，从而可能导致多空双方增仓的节奏不同。多头增仓的时候，空头并不一定也在增仓。有可能在多头增仓的时候，另一部分多头在出逃。这就是前面说的多换。

这时候，空头一看原来多头之间有分歧，多头内部打起来了，那么空头直接一把增仓往下打也是有可能的。所以，这些开平仓标识具备非常强的参考意义。不管是多头还是空头，谁更主动，趋势就可能往谁那里靠拢。换句话说，如果多头更主动，涨的概率就更大一些；如果空头更主动，跌的概率就更大一些。

五、合约定性

对一个合约进行定性分为两个部分。

第一部分是把开平仓标识、扩仓区间、库存周期结合起来，从量价关系的角度找线索。

我再结合前面的例子讲解一下。前面讲过 Rb2401，我们给它的定性就是大概扩仓平均成本在 3740 元。这个位置结合对应库存周期来看，肯定不是一个空头合约，而有可能是一个多头合约或者一个震荡合约。

如果你的行情软件有历史回溯功能，去回溯一下扩仓期间的行情。你会发现多头还是有一些主动意愿的。但是主动性不够强，明显有些意外的做空力量。

综合起来看，基本面上基本显示这是个偏强的合约，但交易过程中有一些额外的因素导致一些市场参与者愿意做空。不出意外的话，这些因素应该来自一些套利盘：有可能是买铁矿石抛螺纹钢的，也有可能是买热卷抛螺纹钢的。因为大家都愿意在商品上买强抛弱，比如铁矿石走得更强，我就做多铁矿石；螺纹钢走得弱，我就再去空一下螺纹钢。这在商品上是很容易实现的。

第二部分是根据前面找到的线索推断后市有可能出现的情形。我们还是用 Rb2401 来做例子。后市可能会有两种情形。

第一种情形是复苏如期而至，相对价位比较低，并且扩仓成本也比较低，从而空头是非常被动的，但多头却非常主动。那么，一旦套利的空头平仓，可能导致投机的空头直接被"杀掉"，因为这些空头也不知道该在什么位置平仓，也就直接砍仓了。这表明基本面很强，同时套利的空头主动撤退。

第二种情形是基本面一般，但因为扩仓区间成本很低，所以很难指望价格会有大跌，也许会形成一个低点在 3500~3600 元，高点在 3800~3900 元的震荡合约。这个区间里，也许震荡到下沿时，弱到一定程度就会有套利盘。那么在这个位置，投机盘是不够安全的。投机做多的人有可能选在价格贴到 3500~3600 元附近的时候主动退场。所以，在复苏迟迟不来的情况下，套利盘形成的压力又会比较大，价格下跌也会吸引一些跟风做空的力量，最终导致这个合约演变成空头合约。这种情形的发生概率是很低的。这首先是因为库存周期比较积极，其次是因为相对价格并不算高。

完成定性之后就可以有的放矢地参与了。我如果参与这个合约，会马上对应第一种情况，然后在套利盘退场的时候追一把。

之所以要这样，是因为希望看到套利盘退场的时候，投机空头"投降"。也许那时候铁矿石已经涨得很多了，但螺纹钢表现一般，到后面螺纹钢可能连涨三天。

对应这种情况，我们操作的依据就是要看到大量的套利盘退场。要怎么观察套利盘有没有退场？这就要对交易席位比较敏感。有些交易席位既拿了铁矿石的多单，又拿了螺纹钢的空单，这种席位就特别像是在做套利。如果这个席位在拆套利对，或者在平铁矿石的多单，螺纹钢反而跌得不多，那大概就是套利盘在平仓了。

所以，当看到套利盘有平仓迹象，价格偶尔有上行，这时候你可能要往里冲。这个时候持仓量的特点是什么？并不见得是增仓上行，而是变成了空头主动减仓上行。既然是减仓上行，这时候大家要心里有数，上行不会延续太长时间。减仓减到一定程度，你的对手盘就没了。如果你还不"下桌"，原来的队友统统变成对手，最后只留下自己在"桌上"干亏。

所以，这就是我们推演不同的情况，并且要根据每种情况来选择交易方式、方法和交易标记点。

第三节　商品期货的"养""套""杀"

在这一节，我把之前对商品期货的一些经验和理解跟大家分享一下。

衍生品交易是有对手盘的，所以在整个对手盘博弈的过程中，我们经常会看到所谓的"养""套""杀"三个环节。所谓的"养""套""杀"当然是我们从事后的角度去看。或者说，是完全按照我们事先的逻辑起点，把对手盘博弈过程划分为这三个阶段。在现实中，这三个阶段未必都能完成，有可能在"养"的阶段就中断了，也有可能在"套"的阶段，因为一些变故就结束了。"养""套""杀"这个过程并不是提前设计好、一定会出现的，更像是市场在无意中走出来的。这是我们理解"养""套""杀"这个过程的前提。

一、"养"

"养"的阶段，就是衍生品开始扩仓的阶段。扩仓的阶段越久，意味着合约的生命周期越长，那么出现"套"和"杀"的概率就越大。这就是股指期货合约和期权合约几乎不出现"套"和"杀"的原因。另外，股指期货和股指期权是现金交割，不存在逼仓的可能性。

什么是逼仓？对于实物交割的品种，空头需要交货。如果空头交不出货怎么办？那就得回补空头头寸。所谓回补空头头寸，就是要平仓。空头被多头抓住，平仓往高价上去平，这就是逼仓。股指期货和股指期权都是现金交割的，不存在交不出货而必须回补的问题，所以也就不存在逼仓。相对应，在扩仓时间比较短的情况下，股指期货和股指期权出现"养""套"

"杀"这种全流程是很少见的。这种全流程除了在商品期货上很常见，在一些不太规范的场外交易，比如类似于比特币或者早年间的一些现货交易平台，也会很常见。

二、"套"

"养"的阶段，就是多头和空头持续入场的过程。在这个过程中，大家都在押注将来的价格预期。在下注的过程中，一种可能是价格形成震荡，没人赚钱也没人亏钱，大家握手言和。

另一种可能，就是多空双方中有一方做错了。接下来，就要看做错的这一方，到底错得有多大。举个例子来说，我们都在3800元的位置参与螺纹钢的Rb2401。我认为远期是要涨的，你认为远期是要跌的。我做多，你做空，我们就互为对手盘。

交易完成之后，时间推移到2023年底。螺纹钢的现货价格从3800元涨到了4500元。那么像我一样做多的人就猜对了，做空的人就猜错了。如果现货价格降到3300多元，那说明做多的人猜错了，做空的人猜对了。

这个多空双方入场之后，逐步发现谁对谁错的过程，就是"套"的过程。在这个"套"的过程中，被套住的一方是很痛苦的。因为保证金交易自带杠杆，亏损的一方持仓压力会越来越大。一张螺纹钢期货合约标的物是10吨螺纹钢。如果螺纹钢期货价格是每吨3800元，那一张螺纹钢期货合约就是38000元，而保证金也就只有四五千元。所以，只要涨400元，保证金就几乎亏光了，如果是满仓，那么账户就已经基本清零了。

如果是半仓做，现在就要追加保证金了。所以，在期货交易中，亏钱的一方压力会非常大。一方面是追加保证金的压力，另一方面是谁都没有无限资金，保证金补到一定程度，价格波动仍然不利的话，那就只能被迫平仓。本来价格就在向不利的方向运行，而自己选择平仓，会把价格向着不利的方向再推一把。

随着时间的推移，被套的一方会越陷越深。因为被套的一方有可能成本越来越差，也有可能还在不断加仓去赌原来的方向，导致错误越来越大，亏损越来越多。

当行情发展到某一个临界点，可能基本面上的行情触发，或者期货合约K线图上一个标志性整数关口被攻克，就有可能出现兵败如山倒的情形。

"养"的阶段，更像是双方在排兵布阵。"套"的阶段，更像是双方在僵持。在僵持的过程中，一方逐步取得主动权，而掌握主动权的这一方一旦抓住一个突破的契机，就会开始大肆冲锋，直接把对手盘打得溃不成军。这就是"杀"的阶段。

三、"杀"

在"杀"这个阶段，涨跌的速度会非常快。在"套"的阶段，常见的是碎步小阳线，或者碎步的雨滴线。这两种情况都是单边往一个方向走的，因为占优势的一方势头已经形成。而杀的时候，会直接开大阳线或者大阴线，被套的一方会兵败如山倒，直接被杀出局。

四、"养""套""杀"的量价特征

在"养""套""杀"的过程中："养"的阶段，持仓量是增加的，成交量也是增加的；在"套"的阶段，持仓量可能会迅速扩大，但成交量未必大幅放大。

同时，价格波动有向一方运行的趋势，有可能在图形上形成上升收敛三角形或者下降收敛三角形，也有可能形成向上的或者向下的二踩图。

"杀"的特征是成交量巨大，但持仓量骤减的急加速行情。这其实也是一种量价背离的情形。成交量放大，但持仓量降低，说明获利的一边在选择兑现自己的利润。遇到这种情况，如果你是占主动的那一方，已经获利了，应该及时离场。这就是我经常说的，在衍生品市场上要"加速破位勤止盈"。一个小周期做完了，该溜就溜，该兑现就兑现。否则，对手盘都"下桌"了，你还留在"桌上"，反而被后面进场的人抓住。

因为螺纹钢价格从 3800 元涨到 4500 元，你不愿意溜，有可能新的空头愿意在这里做空。一方面，在这里做空的成本更好；另一方面，这两年螺纹钢价格最高也就 4600 元，现在价格已经到 4500 元了，距离交割可能还有一个多月的时间，有充裕的时间可以去证伪或者证实。哪怕就是吓唬你，价格回落 200 点也是很正常的。所以，如果你不跑，那你的队友就都跑了。所以，"加速破位勤止盈"是做衍生品交易的一个经验。

第四节　衍生品量价关系的典型案例

在这一小节中，我们结合具体的案例来进一步观察"养""套""杀"的节奏，同时也复习一下商品期货成交量的两个维度以及期货合约定性。

一、欧洲线集运指数合约

从 2023 年底开始，欧洲线期货的行情是非常刺激的。图 6-4-1 就是这段行情的 K 线。

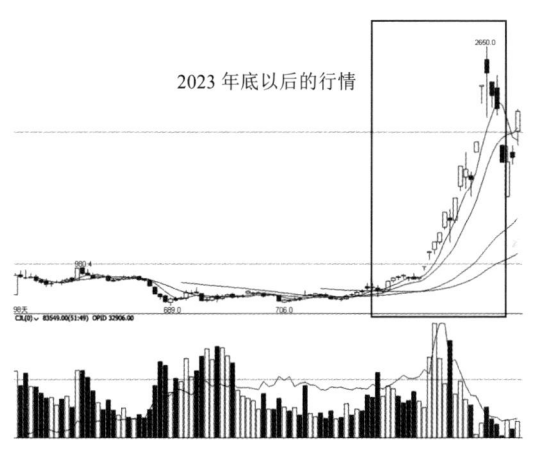

图6-4-1　欧洲线集运指数2404合约日K线

欧洲线集运指数合约是 2023 年新上市的合约。这个合约很特别。其他商品期货合约的标的物都是大宗商品，合约的交割方式是实物交割。而这个期货合约的标的物是上海航运交易所

第六章　衍生品交易中的量价关系

的欧洲线集装箱运费价格指数。也就是说,欧洲线集运指数合约的标的物并不是一个可交割的标的物,这个合约的交割方式跟股指期货一样,是现金交割。想要具体了解欧洲线集运指数合约的细则和标的物,可以去上海期货交易所官网上找这个合约的合约细则和品种说明,仔细阅读一下。

说回"养""套""杀"的节奏。欧洲线集运指数合约在2023年8月18日挂牌上市。刚上市的时候,持仓量很少,只有12099张;到9月25日,扩仓到41899张。一直到2023年10月17日,才扩大到73544张。也就是说,这个扩仓的区间大概从8月18日开始,到10月17日完成。这个时间段的加权平均点数是840.8点。

840.8点这个价格算不算高呢?由于是刚上市的合约,没有历史价格可以参考,所以我们要到上海航运交易所去查一查集运指数的历史波动区间。总体上看,840.8点这个价格基本上处在低位。从价格的角度就可以排除空头合约的可能性。

那这个合约是一个震荡合约,还是一个多头合约呢?从基本面的角度考虑,集装箱运输的是大宗工业成品,在运力不出现显著变化的情况下,集装箱航运的价格一定是由需求决定的。新冠疫情以来,一直到2024年初,欧洲经济复苏的步伐是偏慢的。从这个角度去推测,需求大概不会超预期的强。因此,目前还不能确定这个合约是多头合约还是震荡合约。当然,即便是震荡合约,也是低位震荡,大手笔做空是不可行的。

在图形上我们也能看到,在2023年12月之前,欧洲线集运价格指数合约一直是在 680~1000 点这个区间震荡的，表现并不强势。而这个阶段是多空双方纷纷"上桌"的阶段，也是"养"的阶段。

那"养"的阶段会不会过渡到"套"的阶段呢？

在 2023 年巴以冲突的过程中，也门胡塞武装于当年 12 月初封锁红海。红海是亚欧航运的关键点，一旦红海被封锁，势必造成运力大幅下降，这也就点燃了市场的做多热情。从 K 线图上我们也能看到，从 12 月 7 日开始，欧洲线集运指数合约的价格开始迅速走强，这是事件驱动。随着事态发展，也门胡塞武装的态度也越来越强硬，短期内看不到恢复通航的希望，多头也就更加肆无忌惮地冲进来表态。一直到 12 月 18 日的涨停板，价格直逼 1000 点，其波动就从"养"的阶段进入"套"的阶段。在这个"套"的阶段中，我们看到从 12 月 19—12 月 21 日，价格快速上涨，持仓量也快速放大。价格从原来的接近 1000 点一直涨到 1388 点，持仓量从原先的 77461 张快速扩大到 13.5 万张。在这个过程中，空头被死死地拖住，完全没有喘息的机会。

在 12 月 25 日，持仓量开始快速下降。这说明什么？说明空头被打中了要害，已经开始砍仓认输了。一直到 2024 年 1 月 4 日，持仓量都是快速下降的。而价格从 1388 点迅速上涨到了 2650 点，这就是"杀"的阶段。空头在认输，认输就要不计代价地向上砍仓，进一步推动价格上涨。在这个过程中，多头也会平仓。因为如果空头认输，对手盘没了，原多头都会走。你不走，别人走，别人就都是你的对手盘，反而对你非常不利。

所以，在"杀"的阶段，价格会快速上涨，持仓量会快速下降。

在"杀"的过程中，价格不会一直涨。涨势达到极致，也就意味着价格该跌了。这时候，原多头基本上都止盈，原空头也基本上都止损了，"杀"的过程就结束了。如果合约临近交割，那么大家会到下一个主力合约去找机会。如果合约距离交割还有一段时间，那么大家会在休整之后，重新准备战斗。

二、铁矿石期货合约

接下来，我们再来看看铁矿石期货中的"养""套""杀"。以 2020 年 5 月到 2020 年 12 月的铁矿石 2105 合约为例。大连商品交易所的铁矿石合约标的物是 61% 的粉铁矿，交割方式是实物交割。如果大家想了解这个合约，可以到大连商品交易所官网上去查铁矿石期货的品种说明和合约细则。

图 6-4-2 就是铁矿石 2105 合约的日 K 线图。

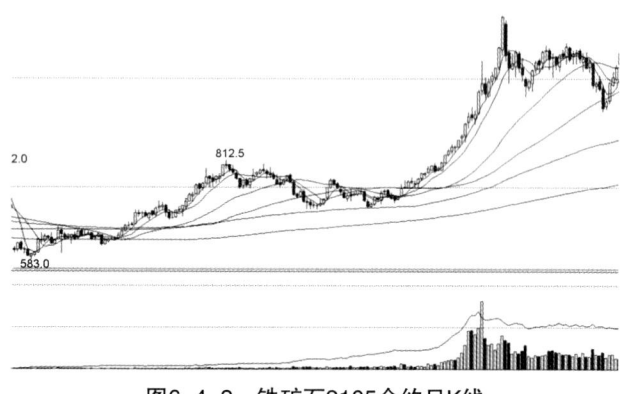

图6-4-2　铁矿石2105合约日K线

我们先来观察这个合约的扩仓区间。

这个合约从刚刚挂牌到 2020 年 9 月 21 日，持仓量并不大，不超过 10 万张。而到 12 月 10 日，持仓量达到 59.9 万张。因此，这个合约的扩仓区间在 9 月 22 日到 12 月 10 日之间。这段时间的加权均价是每吨 854 元。

这个价格算高吗？从历史价格来看，并不算低。铁矿石合约刚刚上市的时候，价格在每吨 1000 元附近，而最低的时候在每吨 280 元。所以，每吨 800 多元的价格一点都不算低。所以，这个合约一定不能算是一个多头合约了。单纯从价格上看，更像是一个空头合约。

但是，我们要知道一点，铁矿石基本上是依赖进口的，主要进口地是澳大利亚。只要国内钢厂有利润，铁矿石的价格往往易涨难跌。所以，即便是空头合约，也不要轻易单边做空。

接下来，我们观察扩仓期间的价格波动。随着扩仓，合约的价格是一直在涨的。也就是说，这个合约并没有一个清晰的"养"的阶段，而是在"养"的过程中同时完成了"套"。从图上我们能清晰地看到，从 2020 年 11 月中到 12 月初，价格一路碎步小阳线，这是"套"的典型标识。

在 12 月 3 日之后，原先的碎步小阳线变成了加速大阳线。也就是说，价格上涨开始加速了。这也就是从"套"向"杀"的过渡阶段了。这段时间仍然在扩仓，虽然还没有到"杀"的阶段，但价格已经开始加速上涨了，是"套"的末期。一直到 12 月 10 日，价格持续加速上涨，同时持仓量也达到了最大。接下来,价格在高位形成短暂的震荡。直到 12 月 18 日,铁矿石合约开大阳线,一口气突破了前面的影线最高价,同时我们看到了减仓。在连开两根大阳线之后,第三天低开长阴下跌,这几天持仓量是持续向下的。这两天的加速上涨,就是"杀"的阶段。

从这段行情中我们也能看到以下两点。首先,"养""套""杀"的行情未必一定出现在多头合约中,即便价格已经很高了,仍然有可能形成这种加速上涨的"养""套""杀",只是对于多头合约来说,上涨形成"养""套""杀"的概率更大。其次,"养""套""杀"这三个阶段之间并没有清晰的界限,而是一段连贯的行情。

三、螺纹钢期货合约

前面两个案例,都是价格上涨形成的"养""套""杀"。有没有价格下跌形成的"养""套""杀"呢?

下跌形成的"养""套""杀"也是有的。图 6-4-3 就是这样一个行情。

图 6-4-3 是螺纹钢 2201 合约在 2021 年 5 月到 2021 年 11 月的日 K 线图。扩仓区间是 7 月初到 9 月底,扩仓均价是每吨 5420 元。螺纹钢期货的历史最高价格是每吨 6100 元,所以 5420 元这个价格是相当高的,几乎是在历史最高价附近。所以,这个合约一定不是多头合约,而很有可能是一个空头合约。

图6-4-3　螺纹钢2201合约日K线

螺纹钢 2201 合约完成扩仓之后，在 2021 年 10 月 21 日开长线破位下跌。这时候，持仓量是略微扩大的。也就是说，这时候价格波动从"养"的阶段走进"套"的阶段。

前面讲过，衍生品都是保证金交易，持仓形成的浮动盈亏都会直接体现在账户可用资金增减上。因此，也就有了一种加仓的方式，叫作浮盈加仓。

什么是浮盈加仓呢？当持仓有盈利的时候，账户可用资金就会增加，你就可以用这些多出来的可用资金去加仓。如果期货公司做了限制，导致你无法使用这些可用资金，那么你可以先平仓一次。平仓之后再开仓的时候，这些资金就可以用了。

价格越涨，占用的保证金就越多；价格越跌，占用的保证金就越少。所以，同样是浮盈加仓，做空的时候更容易，而做多的时候就相对困难一些。这也就导致价格下跌的节奏比价格上涨的节奏快很多。价格涨的时候，往往是加速涨一涨，震荡休息一下，然后再继续上涨；而价格下跌的时候，往往是一步到位的。

因此，我们在图 6-4-3 这段 K 线中，并没有看到明显的加速下跌快速减仓的阶段，而是在破位之后，直接快速下跌，一步到位。

这也就说明，价格下跌形成的"养""套""杀"的节奏会非常快，甚至快到没有看到明确的"杀"的阶段就已经跌完了。如果大家要参与这种"养""套""杀"的行情，做多的节奏往往比做空的节奏更容易把握，而做空盈利的速度往往比做多盈利的速度更快。

这一小节，我们讲了三个"养""套""杀"典型案例。大家可以打开行情软件，结合我的讲解，再体会一下这种行情的节奏。

第五节　本章小结

这一章我们讲的都是衍生品，尤其是期货中的量价关系。期货的量价关系比股票的量价关系多了一个维度——持仓量。因为多了这个维度，也就导致衍生品交易中的量价关系更为复杂。

所以，除了运用此前介绍的量价配合、量价背离，我又引入了一些新的概念，比如扩仓区间、扩仓均价、合约的生命周期、多头空头谁更主动等等。

我们也要理解怎么去给一个具有生命周期的期货合约定性：一个合约究竟是震荡合约、空头合约还是多头合约，以及定性的依据是什么，定性之后的推演和应对分别是什么。

最后，我讲述了商品期货，或者说对手盘博弈中的"养""套""杀"现象。这里要再次明确一下，所谓的"养""套""杀"现象，并不一定是把这三个阶段依次走完，有可能是在"养"的阶段，大家的返现预期已经完全变了，多头或者空头主动平仓，双方协议平仓握手言和。但是在比较极端的高位和低位进行扩仓，同时扩仓时间又比较长，持仓成本非常有利于多空双方中的一方，这就非常容易出现"养""套""杀"的行情。

小贴士

衍生品交易中的开平仓标识比较复杂，期权的开平仓标识甚至比期货的开平仓标识更复杂。一个简单的方法，就是从净头寸的角度来考虑这个问题。我们只要记住，买就是做多，卖就是做空。要做多，就要买开仓；这张多单不想做了，就卖平仓。同样的品种，买一张，卖一张，净头寸变成0。如果是锁仓，仍然从净头寸的角度来考虑。做多一张，就是买入开仓一张；想平仓，就是让净头寸变成0。

比如卖出开仓一张，仍然是在同一个品种上买一张、卖一张，这样净头寸仍然是0。在锁仓的状态下做多，该怎么办？很简单，做多就是买，可以买平仓，买开仓就是平空单，所以平空单就是解锁做多。

有些品种平今手续费是开仓手续费的好多倍。日内交易者为了规避高额平今手续费，会采取锁仓的方式来实现平今仓的效果。观察这些品种的分时图，你会发现持仓量总是在早上开盘的时候下降，下午临近收盘的时候上升，这就是日内交易者锁仓造成的。这时候，观察日内持仓量的变化也就失去了意义。

第七章

量价关系
在量化模型中的应用

在前面几章中,我讲了很多量价配合的基础知识、基本应用以及面对特定场景的运用方式。

在这一章,我将把前面的内容进行整合,综合讲解如何运用量价关系来构建量化交易模型。

第一节　交易中的三个基本问题

在整个交易环节中，我们要解决三个问题。这三个问题分别是买什么、怎么买、买了以后怎么办。

一、买什么

买什么是指交易的对象，或者说是我们要操作的标的。当然，因为做空也是可以获利的，所以这里所谓的买什么实际上是指操作什么。选择操作标的是有讲究的，不同的操作标的交易难度不同。具体来说，股票的交易难度低于金融衍生品，金融衍生品的交易难度低于商品期货，这几个交易类型的波动特征也不同。

我们要根据自己的情况来选择交易标的。这里的自身情况包括两方面。一方面是交易能力的高低。谁也不是天生就会做交易，都是从入门到进阶，慢慢学习和训练出来的。如果是刚刚入门，那么从股票开始是比较合适的。如果已经是交易市场的老手，那么选择标的的范围就会大很多。自身情况的另一方面是性格。性格问题更多体现在"怎么买"这个问题中，后文会详细讲解。

二、怎么买

怎么买，是一个操作方式的问题。所谓的操作方式，就是你以一种什么样的方式参与到市场中去。这时就要考虑，你究竟采取哪种操作类型。简单地说，所有的操作类型都可以划分为两个大类：趋势操作和翻转操作。这两种类型的操作前文我们讲过，本章再详细讲解一下。

趋势操作，顾名思义，就是要尽早发现趋势，跟上趋势，享受趋势带来的惯性。趋势操作是一种交易模式，这种交易模式的交易理念的前提是认为市场是对的，而且市场必然会沿着正确的方向继续运行。

翻转操作，跟趋势操作恰恰相反。翻转操作的核心思想是逢高空、逢低多。翻转操作的交易理念的前提是认为市场是错的，市场会在错误的路上走向离谱，但终究会修复到正常值。翻转操作的盈利来自市场从离谱的错误回归到正常的这个过程。

对于翻转操作，无非是你的操作时间周期会有多短。曾经有人讲过，他就做两个价位，他其实是在做短周期，甚至是在

Tick[①]级别上做翻转量化模型。这个模型可能是在底下挂买单，上面挂抛单，做一个夹板。

换作趋势操作，这种短周期的量化模型会是什么样子呢？有可能是突破重要均线。一个加速打出来，挣几分钱，三五个价位就溜了。

不管什么样的操作类型，不管你的操作是花哨还是朴素，从交易原理上进行归类，都跑不出趋势和翻转这两个大类别。

我们可以把一些常见的操作方式往这里套一套，看看这些操作方式究竟属于哪一类。

第一种常见操作方式是长线选股。长线选股更像是翻转。只不过你会发现，翻转的核心要素从原先的侧重技术图形变成了侧重股票基本面。如果有人在一只股票涨了很多之后才发现它的价值，这算不算趋势交易呢？这不能算趋势交易，因为这个人介入的时机太晚了，性价比变得非常差，但从交易大类上去划分，仍然是翻转交易。

第二种常见操作方式是打板。打板操作肯定是趋势交易了。其实不仅仅是打板，前面章节讲过的收敛突破也属于趋势交易。收敛图其实在整个图形结构上是一个中继，或者说翻转没有成功，继续沿着之前的趋势走。

第三种常见操作方式是二踩图。二踩图比较特别：从小周期的结构看，二踩图是做在回调企稳的位置上，应该属于翻转

---

① Tick 通常指金融产品价格的最小变动单位。——编者注

类；但从大周期的结构看，二踩图是在上涨趋势没有被破坏的前提下切入，也可以看作趋势类。所以，二踩图其实是在趋势里面找到了一个翻转点，小周期上看是在这个反转点切入，但大周期上看，二踩图仍然是沿着趋势走的。

所以，几乎所有的短线交易，包括一些动量交易，都可以划分为趋势和翻转两类。基于这些，我们要把操作标的和操作方法固定下来。首先要把操作方法固定下来，就是在趋势和翻转中二选一。确定好到底是做趋势还是做翻转之后，我们才能开始有针对性地选择相应的交易标的、时间框架以及交易方法，从而才能进入怎么操作这个阶段。

假设我们是在做趋势类交易，那就必须首先认定趋势的形成。其次是在趋势形成的第一时间切入进去。那切入的标识是什么？按照我自己的经验，切入的标识是必须有成交量配合。换句话讲，这个切入标识必须有量价配合的具体表现。这种表现只可能是量增价升或者量增价跌的放量趋势，一定不会是缩量趋势，也一定不会出现量增但价格不动的情形。

这是由于以下两点原因：首先，缩量运动往往意味着趋势运行时间不够长，而且很容易出现翻转；其次，放量但没有产生趋势，说明这个位置阻力非常大。阻力越大，形成趋势的难度也就越大。所以，如果是做趋势，切入点是一定要通过量价配合去触发的。

那在认定趋势形成的时候，要不要用成交量进行判断？就我的经验来讲，还是需要用到成交量的。这些成交量的标识不见得一定是前面说的缩量和放量,而是一些更加细致的成交量变化。

首先在趋势形成之前,阳线的成交量一定要大于阴线的成交量。换句话说,主动向上买入应该比主动向下卖出更多一些。

其次,成交量应该有一个温和放大的过程,或者一个极致缩小的过程。温和放量,说明趋势在形成的早期;极致缩量,说明之前的整理接近尾声。逻辑上讲,应该是极致缩量在前,温和放量在后。如果出现了震荡整理的叠加极致缩量,然后又开始慢慢放量,那就是趋势出现的预兆。

这个时候,就要去小周期上寻找切入标识。切入标识就是量价配合。我们可以用多种方式去进行量价配合的度量。比如1分钟成交金额有多少,3分钟的涨速能达到多少,等等。有了小周期的切入标识,叠加之前的先极致缩量、再整理、然后温和放量,我们就能够断定短线上出现了向上的趋势。这时候,配合小周期的切入标识,我们就可以切入了。

这里要注意一个问题,极致缩量和温和放量都是理想状态,很多时候市场的波动是不可能这么理想的。比如说极致缩量之后,并没有出现温和放量,而是急速放量。这种情形能不能判断趋势的形成呢?当然可以。甚至有时候在急速缩量之后会出现涨停板,在不放量的情况下,突然间就突破了。为什么?因为基本面发生了变化,一个利好消息使所有人惜售。

所以,我们希望小周期的切入标识既容易识别又能给我们充足的反应时间。这样,既能识别又能来得及切入,否则就只能放弃。

我在很多场合都讲过,我们的交易框架不能够捕捉所有上涨,也不能规避所有下跌。你肯定会错过很多上涨。因为这些上涨很可能是一些偶发因素引起的,也有可能发生频率比较低,甚至胜率偏差(40%的概率会涨,60%的概率会跌),所以没有办法纳入操作范围,否则长期看来就是亏损的。因此,我们要学会接受错过一些上涨的个股,学会接纳自己交易系统的不完美。世上没有完美的交易系统,只要守住自己的那一个领域就行了。在自己的交易框架内出现了自己想要看到的情形,然后根据这个情形采取相应行动,最后把钱赚到,这就是一笔理想的交易。不要想怎么把所有涨的股票都纳入自己的交易框架。因为当你纳入某种特定图形的时候,相应也会纳入一大堆类似的图形,长期看反而挣不到钱。

上面讲的是趋势。对于翻转,我们要衡量小周期要不要切入这个问题,相对来讲就会更复杂一些。因为要做翻转,所以我们首先要明确看到量价背离的情形。量价背离的情形有两种:一种是量增价不动,另一种是缩量上涨或者缩量下跌。接下来,我们以上涨趋势的末端来举例子。量增价不涨,这个时候可能会横盘震荡很久,那后面会不会有缩量的情形?

大概率会有的。但是这里的缩量不会太离谱。一旦出现缩量,并且震荡着向下要跌破整理平台,或者跌破短线上的一些强弱指示均线,这个位置可能会形成缩量回调。这时候,我们就要判断这个缩量回调有没有操作价值。理论上讲,类似这样的见顶回落是有操作价值的。但是在早期出现的向下翻转，是要有成交量配合的。尤其是在个股上，阴跌到均线下面和放量击穿均线，效用比是不一样的。

前面是涨势，放量不涨，说明抛压是比较重的。理论上讲，在整理了一段时间之后跌破重要均线，带量下行，那就意味着主动获利了结的人更多。我在前面的章节讲过，我们可以通过内外盘去衡量。通过内外盘，我们可以看出究竟是主动卖出的人多，还是主动买入的人多。那么在这个时候，如果你看到主动卖出的人多，一旦放量下跌，惯性会非常好，换言之，性价比就会提高一些。

在这样的位置，阴跌也是有可能的，所以放量并不是必要条件，但可以提升下跌过程的性价比。举个例子，价格从原先的 5 元涨到 10 元，放量整理一段时间，也许是 5~10 个交易日，突然放量跌破 5 日线，价格就很有可能从 10 元快速杀到 8 元以下；但如果是缩量跌，就有可能是从 10 元跌到 9.1 元、9.2 元附近。因为放量跌和缩量跌，本质的区别就是主动做空的力量究竟是强还是弱。这是第一种情形。

第二种情形是在高位背离之后，也会出现缩量跌。这种情况，我们还是用涨速和成交放量这两个条件作为短线做空的信号。这种情形一旦做进去，你在操作上就要比直接放量破位的情形更为谨慎。

对于上面说的第二种情形，大家可能会有一些误解。既然 1 分钟图上已经放量了，那不就意味着这里要放量杀跌吗？并非如此。1分钟图只是小周期，日K图是中周期，小周期放量并不代表中周期放量。如果1分钟图放量，同时日K图也放量，那就说明整体都在放量，这就是前面说的惯性会好的情形。而当1分钟图在放量，日K图整体上并没有放量，甚至是在缩量。这种时候你的操作就要谨慎。原因很简单，缩量阴跌的过程是一次量价背离，随时都有可能放量反弹，从而导致这次背离提早结束。如果中周期是放量杀跌的，那这就不是一次量价背离，而是一次量价配合的过程。量价背离是很容易被反方向力量给重新修复的，但量价配合的过程是很难被打断的。

这个很容易理解。举个例子，一个100公斤的胖子往前冲，跟一个10公斤的小朋友往前冲，哪个更容易被拦住？一定是10公斤的小朋友更容易被拦住。缩量下行，你在1分钟小周期判定放量且有涨速的时候向下操作。

第三种情形是冲高的急速上行，然后马上缩量回调。这种也是上行之后的一种背离。这种背离通常不太具备向下的可操作性。道理比较简单。首先，上冲比较快，然后急转弯出尖顶缩量往下跌，往往跌得比较快。因为稍微一放量可能就跌得特别深了。这个时候做空的成本就比较差了。其次，尖顶之后缩量下行，这是个背离的过程，很容易在后面起涨幅。一旦后面有向上的力量，马上就会反弹。图7-1-1就是这种情形。

价格从6元多开始起涨，随后形成尖顶，然后缩量下跌。这个时候，一旦有向上的力量，价格马上就会反弹。这时候做空，意义是非常小的。

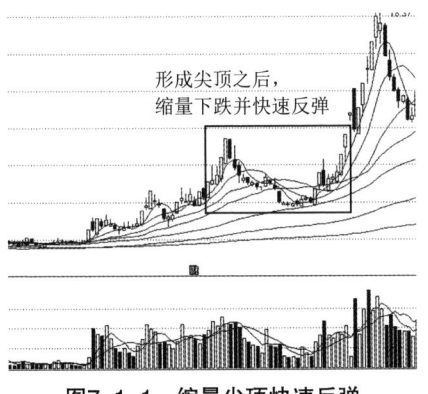

图7-1-1　缩量尖顶快速反弹

当然，这里只是举例子。正常情况下，股票做空是比较困难的，所以第三种情形，我用衍生品做例子。第三种情形是在上涨过程中出现量价背离。面对这种情形，你要小心一点。因为下行趋势有可能会显得比较短，性价比不会特别好。图7-1-2就是这种情形。

从图7-1-2就能看得出，合约价格缩量上行，在1000多点附近见顶，放量回落。相对于涨幅而言，回落的幅度并不大，性价比并不是特别好。

上面讲的三种情形都是上翻转的情形。下翻转的情形相对来讲要比上翻转的情形更复杂一些。这些道理前面也讲过多次。上翻转的情形，往往来自人的恐惧情绪。恐惧情绪表达起来会比较快，也比较单纯。下翻转则不同。下跌盘整的过程会一次又一次杀跌、反弹，然后再整理，再杀跌，再反弹。这个过程，相对于顶部来说更复杂一些。

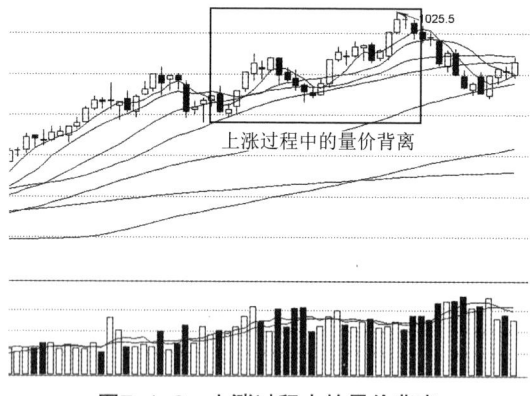

图7-1-2 上涨过程中的量价背离

这里简单举个例子。比如向下放量跌不动，然后起反弹。反弹的时候有两种类型：一种类型是缩量反弹，一种类型是放量反弹。这两种情形，都对应中周期。

图7-1-3中，黑色方框标注的位置是缩量反弹的情形。

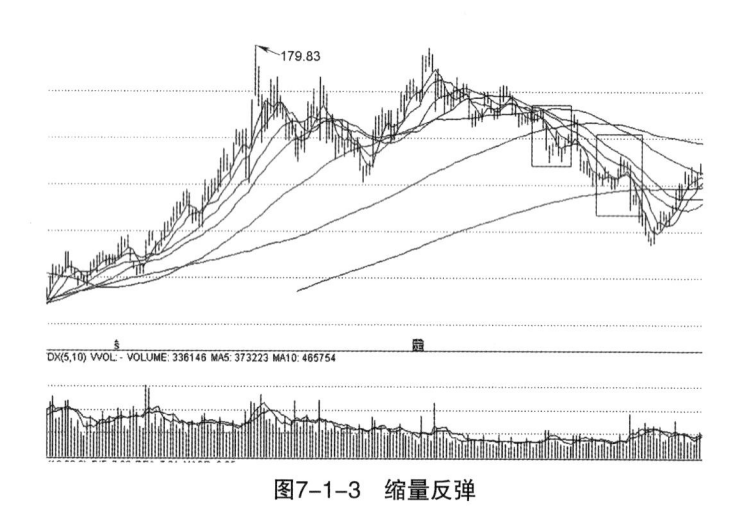

图7-1-3 缩量反弹

这种缩量反弹，往往强度会弱很多。原理跟前面做空的例子是一样的。而这里的小周期仍然是以放量和三分钟涨速为切入标记，这样概率会更好一些。面对这种缩量反弹，在反弹过程中要注意观察新的抛压。如果新的抛压出现，这时候我们仍然要从量价关系的角度进行考虑。前面讲过，如果主动向上买入的力量变少，向下的主动力量变多，那么就意味着这次缩量反弹已经结束了。

在缩量反弹过程中，也许会出现双底，也许会走出新低，也许会形成震荡区间，这些走势都是有可能的。但是，不管哪种情形，只要反弹过程中看到了主动做空力量变强、主动做多力量衰退，那么这次下翻转做多的操作可能就要了结。

整体来看，翻转操作的难度就体现在这里。因为除了量价关系、波动方向、运行趋势，还要再参照一些其他因素。这里的其他因素有很多种，比如市场的整体情绪是什么样、板块的整体情绪是什么样、翻转是发生在高位还是低位、运行的时间有多长、运行的空间有多大，等等。

除了上面提到的这些因素，还要再考虑一下有没有一些明确的共振要素。这些明确的共振要素可以让翻转交易的成功率有所提升。寻找这些共振要素，其实是翻转交易比趋势交易难的地方。因为趋势交易本身是高概率的，只要盯着图形进行操作即可；而翻转交易是高赔率的，在概率上就要有补偿，从而共振因素对交易结果的影响就更大。只有共振因素高，翻转的概率才会大。

此外，还要考虑小周期切入的角度。在小周期切入上，除了1分钟放量和3分钟涨速，我们还可以搭配一些别的指标。比如，我们之前讲述的单位价格波动成交量，或者说我们看到的一些换手率标识是否出现有效放大，也可以是委托挂单上的内外盘比例，这些都是可以充分说明价格是向上带量运行的。

在本书的第一章中已经讲过内外盘了，这里我补充一个简单的用法：当看到小周期放量上行的时候，不妨去看一看内外盘的比例。假定这1分钟之内的成交数量是1万手，其中外盘（以卖价主动向上成交）是7000手，那么这时候内外盘比例是3∶7，潜台词就是这里的放量中买方主动以卖价向上成交的占比接近70%。这时候向上的概率就会变得非常好。

当然，这样的一些量价关系，靠肉眼观察是不行的。这就需要你来写一些程序，或者有一些其他的辅助方式。在后面的内容里，我们就会讲到量化交易中的量价关系运用。

在怎么买这个问题上，我要重点强调的是小周期切入。小周期的切入，务必要包含量价关系。

我曾经跟很多朋友交流过，他们都喜欢在价格回调到5日均线上买入，甚至有些讲技术分析的书里也是这么讲的。如果真的这样操作，你会经常发现价格回调到5日均线附近之后，很快就会跌漏到10日均线。你会很痛苦：这到底是为什么？其实原因很简单，不是每一次横盘都能向上，也不是每一次回调到位之后都能回到此前的上行趋势上去。不管是横盘还是回调，要回到此前的上涨趋势中去，总要在小周期上有一个推动力量，才有可能使价格重新产生上行意愿。而如果没有这个小周期上的推动，那么在绝大多数情况下，都是横盘整理或者回调之后继续下跌。

所以，对于上面说的那种情况，如果价格回调到 5 日均线附近，你根本不看小周期上的一些量价特征就直接去切入，那么大概率会是亏损的。有些时候做短线，图形挺好的，但就是不赚钱，为什么？主要原因还是忽视了小周期上的量价关系。这也是三周期交易法的魅力所在。三周期是我自己总结了 20 多年，慢慢研究打磨出来的短线交易方法。三周期交易法包含三个周期：大周期定性，中周期选图，小周期切入。大家如果对三周期交易法感兴趣，也可以参考一下我对三周期交易法的一些讲解。

三、趋势交易的退场方式

当解决了买什么、怎么买以后，我们就面临第三个问题：买了以后怎么办。

买了以后怎么办，其实主要是退场的问题。退场这个问题，我们分成趋势交易和翻转交易两种情况来讲。我先讲趋势交易。

对于趋势交易来说，一种执行效果出众的处理方式是基于操作价格的浮动止盈和固定止损。这里所谓的"基于操作价格"，意思是浮动止盈和固定止损都是以成交价格为基础进行计算和操作的。

举个例子。假定以 10 元的价格买入,那么我通常会把 9.9~10.1 元这个区间看作建仓区间。因为我们在切入之后,总要允许价格有一定的波动。我们对价格波动的敏感度不能太高,毕竟每一次交易都是有冲击成本和试错成本的。

如果价格下跌,跌破了建仓区间,那么接下来面临的就是硬止损了。这个止损价,基本上就是亏损 2%~3% 这样的位置。也就是说,我们对波动的忍耐幅度是有限的。毕竟是在做波动交易。当切入进去之后,亏损了 2%~3%,甚至更多,你就应该认为这次切入是错误的,或者说市场并没有像预期中那样表现,这时候就应该离场。

如果价格上涨,向上突破了建仓区间,那么接下来要考虑的问题就是止盈。止盈的方法,我一般采用的是浮动止盈。什么是浮动止盈呢?简单说,就是当价格超过建仓区间之后,如果价格持续上涨,那就不需要任何操作,耐心等盈利放大就可以了;如果价格实现一定涨幅之后转为回落,那么当价格回落到一定程度之后,就可以兑现离场,这种处理方式就是浮动止盈。

举个例子来说,如果你是价格为 10 元时切入的,那么 10.1 元大约是建仓区间的上沿。如果价格涨到 10.1 元之后就开始回落,那么这笔交易就不会去止损,而是在成本价附近进行了结。这就是所谓的保本。能这样白体验一次,虽然不赚钱,但也不亏手续费,其实挺好的。

当浮动盈利超过 2% 之后,当价格再次回落的时候,那就不能再保本了，而是要保留一定幅度的利润。还是假设成本价是10元，当价格涨到10.2元时，账面上的浮盈就有0.2元了。这0.2元至少要带走多少比例？其实带走0.1元就可以了，这个浮动止盈的比例就是50%。但如果你要带走0.18元，那就太紧了，价格稍微一抖可能就要离场，那么最大盈利基本上也就被限制在了0.18~0.2元这个小小的范围里了。随着价格波动，最高价向着有利的方向运行，盈利从0.2元跑到0.5元的时候，浮动止盈的比例也要顺势向上移动。这就是浮动止盈中"浮动"二字的由来。价格涨到11元，我就拿走0.6元；涨到12元，我就拿走1.3元。要拿走1.3元，那止盈的价格就是11.3元。如果价格涨到了12元之后开始回调，回调又没到11.3元，那么我就不需要止盈。这时候价格继续反身向上，一路涨到13元，那么浮动止盈的价格也要相应往上提。所以账面上每次的最大盈利都要记录下来，这个最大盈利里，有一部分是自己要留下的，另一部分是要拿来继续冒险的。这就是浮动止盈的操作方法。

浮动止盈最大的好处就是可以做到让利润奔跑。因为你是拿利润去冒险，所以你的本金是相对安全的。这也就是硬止损和浮动止盈相结合就可以有效做到截断亏损，让利润奔跑，即亏损有上限，盈利无上限。

在实践中，我还是希望大家能学会通过浮动止盈的方式来滋养自己的心态。我们都知道，交易是一件很枯燥的事情，在交易中"挨打"也是司空见惯的。久而久之，我们会积累非常多的负面情绪。要消化这些负面情绪,不能仅仅依靠一些交易上的认识或者交易哲学。光靠这些,那就基本上等于靠老和尚念经来扛过这些负面情绪,这不是长久之计,你会很痛苦的。你需要通过保本或者浮动止盈来给自己一些正向的激励。比如,当你要保本的时候,不要紧贴着成本往外卖,而是给自己保留一个最小的激励。

什么是最小的激励?我举个例子。比如你短线买了一只股票,成本价还是10元。价格在超过10.1元之后开始回调,那么正常来说你是要保本的。这时候,如果你喜欢一家米其林自助餐厅,这家自助餐厅的最低消费是500元,那么你保本就是留下500元的利润,外加这笔交易的手续费就可以了。当你了结了这笔交易,马上就去吃一顿。用这种方式让自己开心,即便保本了也不是一无所获,慢慢滋养交易心态,久而久之,你的执行力也会变好,变得更愿意保本,从而短线的利润也就慢慢累积起来了。

当然,上面这个例子比较"奢侈"。保本的时候留多少利润,留出来的利润去做什么并不重要,重要的是一定要在赚到手续费的基础之上再留一些利润,用这些利润去做一些自己喜欢的事情。这样的操作,对交易结果的影响并不大,有可能反映在股票价格的波动上就是一两分钱。1万股上下波动1分钱,那就是100元。这100元对于你的生活而言,影响并不大,却能让你的获得感大幅提升。长此以往,你就更容易抵御交易亏损带来的负面情绪。

四、翻转交易的退场方式

翻转交易有两种退场方式。

第一种是浮动止盈搭配硬止损。这种情况就跟上面的趋势交易退场方式一样。

如果你做的是日内交易，那就可以不考虑浮动止盈和固定止损，而是无论盈亏，都要到临近收盘的时候平仓。对于日内交易，长期来看，两种退场方式的收益基本差不多，但这两种方式的收益特征是不一样的。

这种日内翻转交易经常用在股指的衍生品上。如果带了浮动止盈和硬止损，翻转交易做起来就没有那么痛苦，盈利曲线也很稳定，长期平均下来的日盈利也就三到五个点。

以上就是第二种退场方式，即止盈止损。这种方式是不论盈亏，都到临近收盘的时候才会平仓，或者价格到达下一个翻转位附近。这样操作，波动就会特别大，可能会有一天赚50个点的时候，也可能会有一天亏100个点的时候，但大概率赚钱的时候会多一些。

第二种方法，长期来看也是有正收益的，但问题在于这个过程很痛苦，甚至有可能你会发现日均盈利也就三五个点，但最大亏损有可能是40个点，这对于人性来说太痛苦了。我还是推荐大家通过浮动止盈和硬止损的方式来操作，这样更符合人性，同时也会让你对盘面的判断比别人更轻松。

五、量价关系优化止盈止损框架

在"买了以后怎么办"这个阶段,我们就不再把量价关系作为重点了。因为有了浮动止盈和固定止损之后,再考虑量价关系,仅仅是在大框架上做一些优化而已。

具体怎么优化呢,我来举几个例子。

比如,你是趋势交易者,切入到一只股票里去,如果这只股票上冲的时候很有力量,这时不妨把你的浮动止盈标准放宽一些,如果缩量了,你可以把你的浮动止盈迅速提上去。因为缩量很有可能会回调,如果不想吃这个回调,那就把浮动止盈收窄一些。如果是在放量,即便是上下摆动,也很容易再拾升势,所以你的浮动止盈就可以放宽一些。

再比如,你是翻转交易者,切进去之后的量价关系,你想用什么样的共振方式和方法,都可以根据自身特点和操作标的特点来定,并没有一定之规。量价关系可以帮助我们提高概率,而不是去影响我们的最高收益。

第二节　量价关系在量化交易中的应用

这个小节,我们来聊聊量价关系在当前量化交易中的一些应用。先说结论,在当前的量化交易中,最基本的模型应该是动量模型。这些动量模型的核心变量就是价格波动和成交金额。动量模型就是从多个维度来呈现价格波动和成交金额之间的勾稽关系。

举个例子。我们可以在 Tick 上衡量主动向上的买单的力量。

首先，如果在 Tick 上面，连续三笔外盘成交，而且成交量都是大于三位数的，就可以作为一个触发要素。当然，并不是在 Tick 上出现这个信号立刻就触发买入，而是这个信号可以作为触发要素之一。

其次，对于一些要主动去撑行情的量化策略来讲，可能缩量到某种情形是触发交易的标识之一。

所以，在动量模型里，量价关系是核心。对于量价关系的判断是每时每刻、无处不在的。成交价格的判定、成交量的配合、挂单价甚至委托撤单的数量，可能都会被纳入到整体量化策略的一些数据收集和运算中来。

运算内容是从最初的基于均线的运算，慢慢过渡到基于 Tick 的运算，甚至到现在已经是基于委托队列的一些运算。要让量化交易的收益更好，我认为需要把某一个方向做到极致。

什么叫把某一个方向做到极致？我举个例子来说明。如果是做趋势，那么你就应该优先去找最高的收益率，或者去冒很高的风险。因为你是趋势交易者，你的确定性几乎是最好的，而且又是在短周期上，你的确定性其实很高，亏损幅度也很容易控制，所以你只需要去找收益率最大的那种做法就可以了。因此，你就需要去筛选一些策略。可能你有 7 个模型，其中一号模型的收益率也许是最高的，但一号模型的概率未必是最高的。在这种情形下，你仍然应该选一号模型。因为在更短的周期上，需要用算法的复杂度来提升概率。

所以，讲到这里，我要再向外引申一点，就是我们一定要学会用量化的思路来思考不同的交易类型，不同的市场中到底发生了一些什么演变。

回到正题。上面谈的是趋势交易，而在翻转交易上，更多的运算来自综合的情形。这些综合的因素可能包括市场上的涨跌家数比、涨停个股数量和跌停个股数量比，甚至某只个股或者某个板块的舆论热度，都可能成为一个量化选股模型的要素之一。

所以，量化交易的核心是什么？

量化交易的核心有两个。一个是在硬件上，在物理上要尽可能快，要比别人反应快、运算快，甚至要跟交易所是直连的。第二个是要多策略去寻找共振的位置，去实现把一种策略推向极致，以此在实现高收益的同时获得高概率。

从上面这两个核心来看，个人在量化这方面其实能做的事情并不多。我这里也希望一些有编程经验，甚至编程水平非常高的读者，可以通过程序语言把自己的操作模式写成量化模型，并且试着用历史数据跑一跑，做一做回测。

为什么要这样做？

首先，这样做最大的好处是能够让自己的操作模式模型化。一旦把操作模式模型化，并且能获得稳定的正收益，那么这就是一个非常有效的交易方法或者交易策略。另外，你也可以去思考一些新的交易思路，然后通过回测来验证这些思路的有效性。比如，你可以考虑买沪深300和中证500样本股，然后把沪深300的期指或者中证500的期指空上，这样就构建了一个无风险对子。在这个无风险对子的基础上，对沪深300或者中证500的样本股进行加减，从而获得收益，这就是典型的量化对冲策略。这些加减怎么做呢？比如，我的模型判定在某一个时段，某些个股会走强，某些个股会走弱，那么我就可以把这些会走弱的个股卖掉，将这些资金追加到那些会走强的个股上，到临近收盘的时候再复位。这种思路跟前面讲的把某一种策略推到极致就不一样了。对单一个股或者单一标的，我要在短周期上寻找最大的收益率，或者说在短周期上寻找最大的波动率。但上文说的量化对冲策略，我是要在许多样本股中寻找高概率。这种方式就要求我们每次只好一点点就行了。虽然每次只是好一点点，但非常稳定。要实现这种方式，就要经过历史数据的检验，同时，即便历史回测的结果很好，在上线之前也要在模拟盘上先跑一跑。跑的目的是什么？是防止在基于历史数据进行调试的时候产生过拟合。

这个小节里面，我基本上把个人如何构建交易模型的每个细节都讲到了。在构建交易模型的过程中，最大的前提仍然是个人的风险偏好。你要根据自己的风险偏好来构建交易模型。然后根据你的操作标的、操作方法、性格等因素来选取不同的操作技巧和模型结构。当然，这里最核心的前提仍然是要问问自己，你相信世界永远是对的，还是相信这个世界充满矛盾，永远是错的。

如果你相信这个世界是对的，存在即合理，那么你应该是一名趋势交易者。如果你相信这个世界是错的，世界充满了矛盾与偏误，那么你应该是一名翻转交易者。

第三节　构建量化交易模型的基本框架

前面两节分别介绍了构架一个交易模型的基本要素和量价关系在量化交易模型中的应用。这一节，我为大家提供一个基本的模型构建框架。大家对着这个框架来填"肉"，就可以慢慢地把一个量化交易模型构建起来。

我把构建量化模型的基本框架总结成下面五条。这五条分别是建立交易逻辑，建立量化模型，程序化，历史回测、模型调试和优化，模拟盘测试。下面我一条条展开分析。

一、建立交易逻辑

第二节里面，我提到了量化对冲策略。这种量化对冲策略就是一种交易逻辑。交易逻辑其实是多种多样的。那么这些交易逻辑是从哪里来的，我们要去哪里找灵感呢？

第一种交易逻辑的来源是最直观的，即过往的经验。也许你有一些操作方法或者操作模式，这些方法或者模式就是交易逻辑的来源。举个例子来说，我的三周期交易法中有一种常见的图形，叫作收敛图。如果你把收敛图单独拿出来，专门去做收敛图的突破，那么这就是一种来自经验的交易逻辑。

这种方式比较适合个人交易者，运用起来比较简单，量化起来或者写成程序也比较简单。比如,我在讲背离的时候就提到过,小周期上的背离更容易被反向打穿,而大周期上的背离则更有效。通过这个经验,我们就可以建立一个简单的交易逻辑。如果是针对小周期进行量化,我们就可以先识别分时图或者 1 分钟 K 线上的顶背离和底背离,然后通过量价关系来描述这些小周期背离被反向打穿的标记点,这也就形成了一个简单的交易逻辑。

第二种交易逻辑的来源是一些数学方法。比如计量经济学中的一些数学模型,或者时间序列分析中的一些数学模型。这些数学模型未必能拿来就用,但是可以给你一些思路上的提示,比如小波变换这样的数学方法。小波变换是通过母小波函数来对波动进行分解,从而让波动的特征变得更为清晰,这就进入了信号分析的领域。这样的一些方法,就要求你有很深的数学功底,如果数学不过关,恐怕运用起来就会比较困难。虽然可以找相关书籍来学习,但是如果仅仅是照猫画虎,不能理解这些数学模型或者数学方法的内在逻辑,这些模型调试起来就会困难重重,甚至一些简单的参数调整都很难做到。

第三种交易逻辑的来源是一些统计方法。在统计过程中,你可能要套用一些概率分布函数,最常见的是正态分布。但在现实中,真正符合正态分布的情形少之又少,所以真正套用起来,误差就会变得很大,甚至尾部风险也会变得很高。除了套用一些常见的概率分布函数,你还可以根据样本数据来拟合一些概率密度函数。当然,这又需要你有比较深的数学功力了。

所以，除了通过概率分布函数或者概率密度函数来拟合统计结果，还有一种简单的方式，就是历史百分位。用历史百分位来描述波动的极端性，这样操作起来就很简单，也不牵扯复杂的数学原理。

但不管是哪种方式，只要是采用统计方法，那就得注意下面两点。

其一是统计结果仅仅是针对历史的统计，一旦出现了历史之外的情形，那么你的模型一定是无法应对的，而这样的事件一旦出现，就是在"创造历史"。除了尽快控制亏损，还要及时调整模型，把新出现的这种情形纳入到统计数据之中。同时，你的历史数据列要足够长，包含的极端情形要足够多，才能尽量避免这种"创造历史"的情形出现。从这个角度来看，科创50这个指数，数据列太短，就不适合进行量化。

其二是你得知道统计结论背后的逻辑。比如，在2020年4月之前，创业板的涨跌停板是10%；而在2020年4月之后，创业板的涨跌停板变成了20%。如果你研究的是沪深300或者中证500的波动，那么就要注意到这个点，在2020年4月前后，沪深300和中证500波动的统计结论是有差异的。再举个例子，前面的章节里，我提到过用推动单位波动幅度所需的成交金额来描述波动的弹性或者所谓盘子的轻重。那么，如果你用这种方法来研究上证指数，会发现从上证指数上市至今，盘子是越来越重的，或者说弹性是越来越差的。这是为什么？原因很简单，随着市场的扩容和通货膨胀，参与到这个市场的资金越来越多，同时个股的数量也不断增加，自然而然地，推动上证指数涨跌所需的成交金额也会越来越大。毕竟一个指数里面有500只个股，和有5000只个股相比，推动指数波动所需的成交金额必然是不同的，后者所需的金额必然更大。

二、建立量化模型

有了交易逻辑，接下来就要把交易逻辑变成量化模型。关于这一点，前面两个小节已经讲了很多，这里我就不再赘述了。

三、程序化

量化模型在进行程序化之前，可能是一大堆数学公式和语言描述。这些数学公式和语言描述是没有办法交给电脑来执行的。所以，这就需要你把这些数学公式和语言描述整理成算法，并且把这些算法改写为程序。

程序语言有很多种，我的学生里面，用Python来写程序的最多。这种语言学习上手都比较容易。

在程序化这个步骤，我们需要注意一个问题。人是可以执行一些模糊命令的，但电脑只能执行精确的指令。比如你的选股程序要求成交金额大于1.5亿元，那么成交金额为1.49亿元的就不会被选进来。你在把你的数学公式和文字描述翻译成程序语言的时候，就会遇到这样的问题。这时候，你要反思你的量化模型，看看哪些地方描述不够清晰，哪些地方逻辑不够完善，把这些漏洞统统都堵住，从而达到不重不漏的程度。所以，程序化的过程也是对你的量化模型进行再检查的过程。这里其实不光是量化交易,即便是人工交易也要做到这一点。或者说,你的交易体系越是容易量化,可能也就越清晰,从而执行难度也越低。

四、历史回测、模型调试和优化

历史回测就比较简单了,整理好历史数据,然后把这些历史数据逐个投喂给模型,这样历史回测的结果就出来了。

有了历史回测的结果,我们就可以根据这些结果来调试和优化模型。面对回测的结果,你要看看胜率怎么样、赔率怎么样,还要学会分析大赚、大亏的来源,搞清楚在什么情况下会出现这些大赚和大亏,这些大赚和大亏是不是偶然、会不会持续。搞清楚这些问题,其实还是非常需要经验的。

而模型调试和优化,也是基于胜率、赔率以及这些大赚和大亏来考虑的。你的模型是做趋势的,结果做出来胜率很低,问题出在哪里?可以考虑会不会是切入的条件不够严格,导致小亏的交易太多。如果是,就要调整切入的条件。调整完切入条件之后,发现虽然胜率变高了,但是频率又降下来了。原本是高频短线交易,结果调整完之后频率变得很低,这就又不对了,所以还要调整。这时候可能就会发现,问题并不是出在切入条件上,而有可能出在选股或者择时的逻辑上了。

模型调试和优化,就是要根据回测的结果不断调整,从而去找最优的结果。有可能在调整的过程中,你最初建立的交易逻辑就被证伪了。那么这就要重新建立自己的交易逻辑，这是很常见的。也有可能是在回测过程中发现了一些交易上的逻辑缺陷，这时可能要再去找一些其他共振条件，甚至要在算法上下功夫。举个例子，也许你找到了七个额外的共振条件，那么是叠加其中某一个还是叠加其中的多个才能得到更好的结果，你可能就要用到一些算法。这些算法包括遗传算法、概率图模型等等。如果你有志于研究量化交易，多学算法是必不可少的。

经过回测、调试和优化，如果你的模型实现了稳定收益，那就可以进入模拟盘测试阶段了。

五、模拟盘测试

大家不要小看模拟盘测试这个阶段。前面的调试和优化，都是基于历史数据开展的，这就很容易出现过拟合的问题。到底有没有过拟合，通过历史数据是检验不出来的。这就只能依靠模拟盘测试来检验了。

在开展模拟盘测试的过程中，大家要考虑交易摩擦和冲击成本。有些策略本身是很好的，但是由于冲击成本的存在，赔率可能会迅速下降。比如前面我提到的小周期背离反向打穿，往往在反向打穿的瞬间价格运行速度非常快，从而切入成本非常差，导致赔率变得很差。同时，如果是高频短线交易，手续费的影响也会变得非常显著。像期指这样的品种，平今仓手续费是开仓手续费的 10 倍，导致你几乎没有办法实现日内高频交易。这些问题，都要在模拟盘测试阶段进行检查。一旦发现这些问题，就不得不重新调整模型。

六、模型的时效性

最后，我们还要注意一个问题，就是模型的时效性。也许在模拟盘测试的时候，模型表现很好。那么，这时候就可以上线实盘交易了。在实盘交易过程中，你会发现刚刚开始的时候，交易表现仍然很好，但过了一段时间，也许是半年，也许是一年之后，你的模型表现开始变得很差，甚至从最初的稳定盈利变成了稳定亏损。

这就说明模型失效了。模型失效的原因有很多。有可能是市场规则变化导致模型失效。举个例子，比如你的模型是量化打板的方式，但在2020年4月以后，创业板的涨跌停板变成20%，导致你在创业板上的个股亏损幅度变大，这是有可能的。这就迫使你不得不去调整你的模型，重新进行回测和模拟盘测试。

也有可能你的模型是暂时失效。比如，你统计了一篮子股票的日内波动，然后把涨多的个股卖掉，换到跌多的股票上，临收盘再复位，从而把相对收益做成绝对收益。但也许赶上了整体牛市或者大熊市，导致这一篮子股票波动的相关性大幅上升，从而导致你的模型无法正常运行。当然，这种暂时失效在回测过程中是可以发现的。一旦出现这种情况，可能就需要你去人为干预，或者暂停交易。

模型的失效也是量化交易中的一大难点，仅仅依靠量价关系是解决不了的。同时，市场参与者也在不断进步，想要通过量化交易实现一劳永逸，难度是非常大的。如果大家有志于研究量化交易，那么就要坚持不懈地进行探索和尝试，在这个过程中，如果遇到难关，也可以和我交流探讨。

第四节　问答收录

问题1

问： 技术指标可以用在量化交易中吗？

答： 这个问题不能一概而论。第一，如果你把一些技术指标直接用在交易中，恐怕效果不会太好。我举个简单的例子。比如你用均线或者MACD的金叉做多、死叉做空，那恐怕不行。金叉和死叉本身就是容易闪烁的、不稳定的，也许你在事后看金叉和死叉的有效性很高，但事中的闪烁会带来大量的失败交易，从而破坏概率和赔率。第二，如果你把多个不同的技术指标组合在一起，那么这可能是有效的。不同技术指标之间的共振，可能会在一定程度上消除闪烁这个问题，同时多技术指标的叠加也可以在一定程度上提高胜率。但是这里要注意，技术指标要分类，同一类的技术指标，只选取一到两个就可以了，否则大量的同类型指标，由于滞后程度不同，也会导致一些相互矛盾的信号。在本书的结尾，我把常见的技术指标进行了分类，如果你想在不同技术指标中寻找共振，可以参照这个分类目录。

问题2

问：技术图形组合能用在量化交易中吗？

答：可以，但也要看具体怎么用。这个问题与第一个问题类似。我用最常见的红三兵来举例子。如果你用程序去识别红三兵，识别到之后直接切入，那么效果恐怕不会太好。但是如果你把红三兵作为小周期的切入条件，那么效果可能不错。我们把这个问题和第一个问题结合起来就会发现，其实技术图形组合也是一个共振因素，如果你把适当的技术图形组合和技术指标结合起来使用，也许会得到不错的效果。原因很简单，技术指标通常都是滞后的，而K线组合是领先于技术指标的。那么通过技术指标来为K线组合增加确定性，也是一个不错的思路。

问题3

问：ChatGPT能用于量化交易吗？

答：ChatGPT擅长的是生成，不是决策。这就意味着，ChatGPT是不能直接用于量化交易的。但是类似于GPT这样的算法，更适合生成交易策略，或者说生成量化模型。比如你可以让1个GPT模型生成1万个量化交易模型，然后通过回测的方式在这些模型中优选。比如，你选出来表现最好的前50名和表现最差的前50名，表现最好的前50名正向做，表现最差的前50名反向做，也许效果会意外的好。当然，目前开放的这些大模型，是不会给用户提供这么高权限的，所以把GPT模型应用在交易上，对于个人来讲比较困难。

小贴士

交易模型这个概念，不仅可以用在量化交易上，也可以用来考察人工短线交易体系。从交易模型的角度出发来审视人工短线交易体系，更容易发现其中的漏洞。一个规律是，短线交易体系越是容易量化，也就越可靠。

我们不妨来想想原因。计算机可以生成一组伪随机数，并且让这组伪随机数大于0且小于等于10。但如果你想让计算机生成一组伪随机数，使这组伪随机数稍微比10小一点，同时又尽量不小于0，那计算机就办不到了。因为计算机没有办法实现"稍微""尽量"这种模糊概念。所以，如果你的短线交易体系很容易就能实现量化，说明这个体系里面精确的东西很多，模糊的东西很少。这有什么好处？越是精确的东西就越容易被标准化执行，越是标准化执行，就越容易获得稳定的概率。一旦你的交易体系能获得稳定的概率，如果这个概率很大，那么只要赔率不是太差，自然而然也就实现稳定盈利了；如果这个概率不好，那也没关系，调整起来也更容易。我以前讲过，做短线手法要统一，选图风格要统一，也是这个原因。一个射击教练怎么样才能看出一个学员有没有天赋？如果这个学员打在靶子上的位置很集中，那这个学员就是有天赋的，即便打不中靶心也没关系，稍微调整一下就行了。

这里留个小作业。大家可以结合这一章的内容，审视一下自己的交易体系，看看哪些是精确的、哪些是模糊的，这些模糊的部分会不会带来操作上的随意性，应该怎么去改善。

第八章

量价关系
背后的交易原理

现在，我们来到本书的最后一章。

前面各章介绍的内容都是在现象的层面上去观察和分析量价关系，大家要把量价关系应用到自己的交易中，那前六章的内容已经非常充分了。

大家要想更深层次理解量价关系、理解波动交易，想在交易之路上走得更远，那就要深入到量价关系的背后，理解量价关系背后的交易原理。这一章，我会从更加贴近博弈的角度来审视量价关系背后的交易原理。

第一节　概率和赔率、损失和补偿

一、概率和赔率

我讲课的时候经常会提到下面的公式：

$$收益率 = 概率 \times 赔率$$

我来解释一下这个公式。

第一，所谓概率，就是确定性。我做了一笔交易，这笔交易有可能成功，也有可能失败。如果我用同样的方法、同样的选择标准来做交易，长期来看，成功交易的次数和失败交易的次数大致会有一个稳定的比例。这个稳定的比例，就是概率，也可以叫胜率。

第二，每一笔成功的交易，会有一个盈利幅度。这个盈利幅度我们定义为赔率。当然，也有很多读者不理解。有读者可能会说，既然是赚钱的幅度，为什么不叫盈利呢？用赔率，大家会熟悉一些，仅仅是一种表达而已。

第三，我们来看这个公式，整体的收益率就应该等于成功的概率和每笔成功交易的相对收益（即赔率）的乘积。这个公式表达的是一个整体的结果，而我们在波动交易中，也更关心这个总体结果。

当然，我这里是把这个公式简化了。理论上讲，赔率应该是用成功交易的盈利幅度减去失败交易的亏损幅度，然后再乘概率。在这里，我们就不做这种复杂计算了。因为这里仅仅是做定性分析，不做定量分析。那么相应来说，我们只要让概率和赔率这两个因素跟收益率正相关就可以了。根据这个公式，我们要想获得高收益，就需要概率越高越好，同时赔率也越高越好。

根据概率和赔率的公式，我们可以画一个二维平面坐标。图 8-1-1 就是这个坐标图。

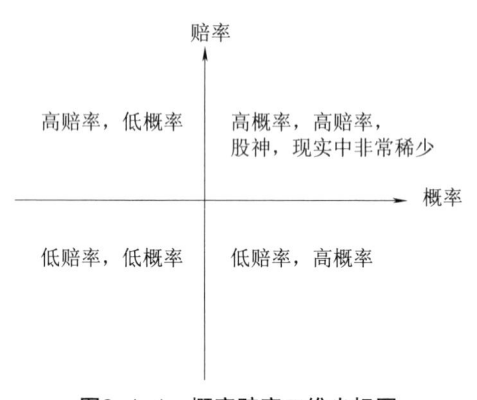

	赔率	
高赔率，低概率	高概率，高赔率，股神，现实中非常稀少	
低赔率，低概率	低赔率，高概率	概率

图 8-1-1　概率赔率二维坐标图

第一象限就是我们追求的既有高概率又有高赔率的情形。当然，这种情形是非常理想的，在现实中有没有？可能会有，但非常少。在影视剧里，这种类型的交易者就是股神了，现实中非常难做到。

第二象限是赔率非常高，但概率比较低。也就是说，这样的交易者，失败的交易比较多，甚至比成功的交易还要多。但每当他赚钱的时候，总是赚得特别多。这种情况，在投机派里是比较常见的。有很多交易大佬，甚至一些传奇交易员都是这种风格。他们的净值曲线图大概是图8-1-2这种类型。

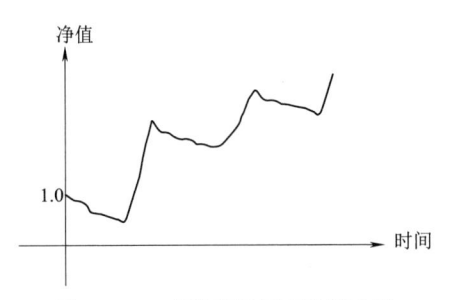

图8-1-2 高赔率低概率净值曲线

我曾经接触过的一些交易大佬都是上面这种交易模式。在他们的交易生涯中，都出现过非常陡峭的收益率曲线，其收益率有可能是10年间上涨6万倍甚至7万倍，大概就是这个水平。但这6万倍或者7万倍的上涨并不是匀速的，更多是通过几笔甚至一两笔收益率非常高的交易赚到的。

这种交易模式中，成功交易的次数并不多，但一旦交易成功，收益率会非常高。当然，这些人可能用了很高的杠杆。在股市中，你做这样的交易是不现实的。因为在交易中，你不融资是没有办法上杠杆的。即便用上了融资，也只有1倍杠杆。所以，我认为在股票短线交易中实现这种高赔率低概率的交易模式基本不太可能。当然，也有读者会问：会不会有人在一笔短线交易中赚了100%，然后连续小亏，接着又一笔交易赚了很多？有，但这会受到规模和容量的限制。

接下来，我们来看第四象限。第四象限的交易者是我们经常看到的一些常青树。在这个领域交易的常青树，他们的特征往往是高概率的。也许赔率并不高，但他们总是在盈利，这也就意味着他们的收益率曲线是非常平滑的，像飞机起飞画出的弧线。他们的交易风格非常稳健，属于日拱一卒慢慢来的类型。图 8-1-3 就是这种交易模式的净值曲线。

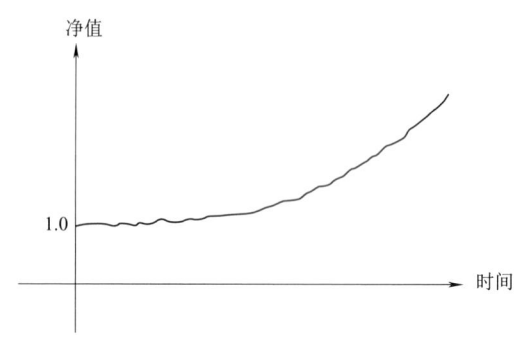

图8-1-3　低赔率高概率净值曲线

第四象限与第二象限刚好是相对应的。第二象限的收益情况是赚大钱亏小钱，但概率并不高。第四象限的收益情况是每次都赚小钱，但不停地在赚小钱。这两种情况难分优劣，在股票市场中，有很多都是这种例子，典型的是巴菲特。巴菲特的年化收益率看上去只有百分之十几或者百分之二十几，平平无奇。但是几十年的长期复利使他的收益率是非常高的，而且几乎没有什么大幅回撤。这种模式也是我非常推崇的模式。在交易领域，我们仍然要学会稳定盈利，让自己一点一点成长起来。我把这种模式称为"1+1"。交易失败了没关系，单笔交易盈利幅度不大也没关系，长期的正收益也是非常可观的。对于我们这些普通人来讲，在第四象限中可能会有更大的发挥空间。

换言之，希望投身于证券市场，尤其是以短线交易为主的读者，实际上应该向第四象限这个风格去靠拢。第四象限的确定性更好，只是绝对收益率不见得很高。

相比于第二象限，我更推崇第四象限这种模式。我简单说明一下原因。

第一，对于二、四这两个象限，第二象限对交易者的综合能力要求非常高。这种综合能力不仅体现在一些相关知识上，更体现在交易者的性格上。交易者要敢于出手，敢于"赌"，敢于认错，认错之后不气馁。10笔交易里面，可能有8笔都是亏损的，但一次大胜就足以抹平所有亏损，并且还能带来高额的收益。这就是所谓的积小败为大胜。这种模式绝大多数人都是无法接受的。因为交易这一行跟别的行业不同。别的行业都是在完成一系列标准动作之后就会得到回报，或者说你的付出一定是有所收获的。但是交易这一行不是这样的,你可能付出了很多,甚至非常用心地把这些动作做标准,可获得的反馈却是亏损。这对交易者的信心打击是比较大的。

一个交易者在获得了一次大幅收益之后,接连遭受小幅亏损,久而久之,他的信心会遭受比较严重的打击。这种打击只能依靠他自己个性里的一些因素来冲抵,否则难以屡次承受这种亏损。第四象限的收益特征对普通人来说更友好。还有一个重要的原因,就是我们在最初投身交易领域的时候,总是希望能够尽量低成本地学习和训练。这里所谓的低成本,一方面是指资金投入要少,另一方面是指不要投入过多的时间,因为最宝贵的时间是不可逆的。

如果按照第二象限这种高赔率低概率的模式来操作,很有可能在初学的前面两三年都在反反复复先赚一笔大的,然后接连无数笔小亏,然后再赚一笔大的,接连又是无数笔小亏。如果你在这个过程中能够总结经验,并且能找到一些灵感,那还好,坚持下去,终能看到成功的那一天。但是,99%的人在这个反反复复的过程中被淘汰了,因为市场不会给你太多的机会让你从坑里爬出来。从这个角度来讲,学习和训练的成本太高了,不仅是资金成本,还有时间成本。也许钻研三五年,资金亏光了,也没有找到合理的交易方法。

第二,是幸存者偏差的问题。我们不能只看到一两个有代表性的成功交易者,就觉得成功率特别高、超额收益非常可观,也要看到在这背后,可能会有很多人学他们,只不过学他们的人都没有成功而已。

这一点也是我认为大家不要向第二象限靠拢的核心原因。在反反复复的大赚和连续小亏之中，你甚至不知道你的大赚是来自运气还是来自你的判断，更不知道这件事能不能持续做下去。这样一来，你会越做心里越没底，慢慢地就会发展成乱做瞎做。一旦变成乱做瞎做，那你很快就会被市场消灭。

第三，是交易者的情绪特点。作为交易者，或者说作为一个普通人，我们总是希望在学习和工作中获得正向激励。这种正向激励对我们坚持做一件事情是有很大帮助的。并且正向激励越多，越容易在长期反复中培养情绪记忆和肌肉记忆。我经常举一个例子：打桌球的时候，出杆的瞬间就知道这球肯定要进了。这就是长期练习积累了足够的正向激励，培养出来的"肌肉记忆"。

第二象限这种交易模式，就面临这样一个问题：长期正向激励很少。虽然每次高潮都特别高，但高潮次数太少了。反而负向激励特别多，或者说负向的干扰太多了。这就需要交易者有非常强大的内心，或者说非常顽强的信念。

从这个角度来说，第二象限这种模式对于人性的"泯灭"显而易见。这种反人性的特征，也许只能依靠天赋来弥补了。在交易领域里，天赋指什么？一个交易者敢不敢"赌"，在"赌"的时候有没有灵感，能不能在波动中发掘一些勾稽关系，能不能把握住市场波动的节奏，这些都不是天赋的范围，因为这些可以依靠后天学习和锻炼。但是一个交易者能不能在一次又一次的打击和摧残中马上翻过身来,这就需要一些天生的东西。这些天生的东西,我认为几乎不能依靠后天培育来弥补。甚至绝大多数人根本接受不了这种现实,从而后天培育也就无从谈起。

当然,这并不是说我们没有走到第二象限这种模式的可能性。第二象限这种模式,可能会出现在交易生涯的某个阶段。这个阶段是你已经具备了一定的交易技能,家底也比较厚的时候,你有了一笔亏光也无所谓的钱,再去尝试这种高赔率低概率的交易,就容易获得更好的收益。

但如果想在起步阶段,带着"搏一搏,单车变摩托"的心态去尝试这种高赔率低概率的交易,大概会困难重重,甚至直接就被市场淘汰。所以,当我们明白了收益率等于概率和赔率的乘积之后,对于波动交易本质的认识就跟以往不同了。

接下来,我们谈谈第三象限。第三象限的收益特征是低概率低赔率。很不幸,绝大多数股市投机者都集中在第三象限中。正是第三象限人员众多,才给了第二象限和第四象限中的交易者一些稳定收益。我希望大家都不要落入第三象限。第三象限的交易者有一个众所周知且非常形象的名字——"韭菜"。

在理解了收益率等于概率乘赔率之后,我们就要明白每个人对于概率和赔率的接受程度是不一样的。我们现在要做的,就是在我们的交易之路上找到适合自己的概率和赔率,既能让自己舒服,又要有正收益。

当然了,不管是第二象限的高赔率低概率还是第四象限的高概率低赔率，这里的高低都是相对的，我们总是希望概率和赔率能够越高越好。只不过大多数时候，要么为了概率牺牲赔率，要么为了赔率牺牲概率。这就有了一个补偿的问题。

二、损失和补偿

初始的概率和赔率是跟交易风格相关的。交易风格和交易品种一旦固定了，概率和赔率初始条件几乎就差不多了，或者说会在一个很窄的幅度中波动。这个时候，你需要做的就是拿到足够的补偿。

举个例子。假设你是做三周期日内交易的，而且只做收敛图。首先，收敛图的确定性是比较好的，你只要出手，几乎不太会亏钱。因为你是在突破的时候切入的，而突破的时候是有惯性的，所以只要不隔夜，基本上是不太会亏钱的。

那么，概率这么高，你牺牲了什么？牺牲的一定是赔率。在牺牲赔率的基础上，我们能不能在概率上获得更高的补偿，这就是最核心的问题。既然已经牺牲了赔率，你就不能再想着从赔率上获得补偿。因为你拿到了想要的确定性，所以赔率上就不可能再获得补偿了。否则，你就不会选择收敛图。

在赔率上有牺牲，就必须在概率上有补偿。这时候就有了两个思考点。

第一，在赔率上的牺牲不能太大，否则无论怎么补偿都不划算。举个例子，收敛图突破幅度超过2%或者3%，我还是愿意去追的，但如果收敛图突破幅度超过8%甚至9%，那当天还要追吗？不追了，因为这个时候牺牲的赔率相对于得到的概率来讲已经太大了。

牺牲的赔率是大还是小，补偿的概率是大还是小，究竟应该如何衡量？有一种衡量赔率的方法是我之前多次讲过的性价比不小于3∶1。性价比不小于3∶1，就是你的预期收益要比你承担的最大亏损大至少3倍，这样才符合最基本的赔率条件。所以，性价比是我们获得补偿的第一点思考，我们要做出的牺牲不能太大。

第二，能获得的概率补偿越大越好。概率上的补偿主要来自"共振"。基于共振，我才提出收敛图在突破的时候既要放量又要有涨速。因为放量也好，涨速也好，都是从概率的角度提供更多的补偿。只有牺牲的赔率不多，同时在概率上获得了更好的补偿，概率和赔率的乘积才会变得更好。

上面是通过收敛图来给大家讲解损失和补偿的问题。大家也可以针对不同的技术图形去思考损失和补偿的问题。要想清楚，自己面对的这个图形，到底损失了什么，补偿了什么，获得补偿的方式是什么。比如面对二踩图、日内翻转交易、日内趋势交易等交易方式，你究竟损失了什么，补偿了什么，你要补偿的要素是哪些。如果你详细学习了前面几个章节，我相信你一定能自己总结出究竟是损失了什么，在哪里获得了相应的补偿。

我们再来引申一下。假设你看到某一个趋势运动，在这个运动过程中，已经明确地观察到赔率被牺牲掉了，这个时候你就要推断概率的补偿是不是充足。如果概率的补偿并不充足，那这个趋势运动大概也要结束了。

再举个例子，如果是上涨过程中出现了背离或者震荡，你要做空，那么你牺牲的是什么，获得的是什么？这时候要判断牺牲和补偿，就要站在两个角度去思考。比如，这个震荡行情会不会结束，然后走出新的方向？因为这里涉及大多数人基于自己认为的高概率而采取的一些操作，或者简单地说，这里涉及有多少人认为做空能大概率获胜。从而，这也涉及一个博弈问题。这里基于博弈的一些思考，在衍生品交易中可能更为关键，毕竟衍生品还涉及持仓量的问题。当然这里稍微延伸了一下，如果不做衍生品交易，可以不用探究太多。

我在这个小节分析了概率和赔率、损失和补偿的问题。接下来我们要再次探究量价配合究竟是一个什么样的共振要素。

第二节　把量价关系作为一种共振要素

一、量价配合，趋势延续；量价背离，趋势反转

通常情况下，量价配合意味着前期趋势会延续。这里的前期趋势，是指过往比较大周期上的一个趋势。这里的趋势延续，一定是顺着现在放量的方向运行。量越足，趋势延续就应该越强。一直到我们看到了明确的放量不涨，这时候也就出现了量价背离，从而趋势变弱。

这个时候，你的判断就要转向。在量价背离之前，你的判

断是趋势会延续，而在量价背离之后，你的判断就转变为价格运动可能要转向，可能会进一步产生新的背离，可能要展开调整，甚至可能会出现翻转交易的机会。

量价背离是随时有可能出现反向运动的，因为量价背离本身就代表着震荡，或者说左右打架。缩量下跌时，一旦放量向上，跌势可能马上就会扭转。缩量向上时，一旦抛压出现，这个涨势马上就会被打断。如果放量不涨，那很有可能前期的趋势运动已经不存在了。如果放量不跌，有可能是已经跌到头了，前期的下跌趋势也就没了。

所以，量价背离意味着这个趋势有可能已经进入尾端。我们无非是要尽可能早地去判断这个趋势的尾端。

在趋势运行中，如果不断地出现翻转特征，那翻转可能马上就来了；而如果只出现了一次翻转特征，可能不会马上就翻转。因为趋势运动的自我推动力往往很强。这就涉及反身性的问题。

在最强的趋势运动过程中，也会出现一些量价背离的特征表现。这时候，如果量价背离的现象比较少，或者在偶尔表达之后迅速得以修复，回到量价配合的状态，那这个趋势延续的概率会更大。如果量价背离的特征表达得越来越多、越来越密，我们就一定要认识到这个趋势有可能已经发展到了尽头。这个趋势强一点的话会展开整理，弱一点的话有可能会直接冲高回落。

二、趋势交易尽量靠左，翻转交易尽量靠右

做翻转交易也好，做趋势交易也好，我们都要从最基础的投机原理上做一些理解。

比如说，我做趋势交易，一定更看重确定性。因为看重的是确定性，所以交易一定是偏右侧的。我们在本章第一节中提到过，为了获得更高的确定性，就要牺牲一些赔率。如果我希望牺牲的赔率尽量少，同时又希望保持概率不变，那就应该尽量早地发现趋势，介入这个趋势的成本要更加低。这也就要求我们在趋势交易中要尽量靠左，同时还要保证概率优先。

对于翻转交易，就要尽量靠右。因为在翻转交易中，我们获得的最大补偿是成本优势。一般抄底的价位都是比较低的，或者摸顶的价位都是比较高的。买的比较低，抛的比较高，往往要牺牲很多确定性。牺牲确定性，也就意味着交易是偏左侧的。在偏左侧的情况下，我们要尽可能靠右，尽可能去找更加突出的翻转特征，尽可能去观察这些翻转特征有没有越来越密、越来越多的时机。但是，又不能等到明显的下降趋势已经形成之后再切入。因为当下降趋势形成，甚至已经运行了一段时间之后，再去考虑切入，你的成本优势就完全体现不出来了。

所以，核心就在于我们究竟在哪个方向上找补偿，同时尽量缩小另一个方向上的牺牲。这就是我们常说的左侧交易尽量靠右，右侧交易尽量靠左，因为我们要尽量做到概率和赔率之间的统筹兼顾。

这里还要解释一下单边多头市场和多空双向市场的不同。

像股票市场这种单边多头市场，绝大多数人只能通过做多来赚钱。在这种情况下，做多力量是一波一波、有节奏地释放。

很多时候，我们会看到第一波涨放量，第二波涨放更大的量，第三波涨也放了很大的量，但是第三波的量比第二波的量要小，同时第三波的涨幅也要比第二波的涨幅小很多。在这种情况下，后面出现放量不涨，那么有可能就是要翻转。你会发现，整个做多的力量是在一轮一轮的上涨中被逐步消耗掉的。但做空就完全不同。做空的节奏更像是经历一个震荡整理的过程，然后突然跌破一个关键价位，随后"墙倒众人推，破鼓万人捶"，价格直线下跌。这种做空的情绪，往往是非常极端、剧烈的，而且在表达完之后立刻一哄而散。因为一个有价值的东西，价格不可能跌到0，但是上涨的时候，价格没有上限。

所以，对于做空来说，勤止盈是必须的；而对于做多来说，要感受每一波上涨的力度与前一波上涨的力度有什么不同。这种对力度的感受，往往来自量价配合与否、内外盘数据的变化，甚至包括一些委托挂单的数据。我们通过这些成交量指标来观察量价配合的程度，从而判定做多力量到底释放完了没有，还会不会有后劲。

所以，基于此，我们也应该能够理解一点，就是量价关系仅仅是我们在波动交易中的一种共振要素而已。只不过这个共振要素在绝大多数波动交易的场景中，重要性排名都是比较靠前的，甚至是排第一位的。对于一些不考虑基本面的短线交易来说，成交价和成交量之间的互动关系是我们能分析判断、做决策的主要依据之一。

三、量价关系之外的一些共振要素

除了量价关系，还有其他一些共振要素，在前面的章节中我们也说到过很多。这些要素包括宏观的情况、市场整体的交易情绪、板块的热点轮动、同类型个股的波动情况、公司高管的行为、公司发展的情形，甚至派红利的政策、大小非减持的行为。

这些共振要素在每个阶段，表现出来的重要性是不同的。在熊市里，利空消息更容易获得共振，而利多消息就不太容易获得共振。换句话说，牛市的时候大家是拿着放大镜找利好，而熊市的时候大家是拿着放大镜找利空。在熊市里，即便有10个利好，但只要有1个利空，大家就会揪着这个利空不放。

第三节　交易的路上要多交流、分享

量价关系本身是一个共振指标，要想真正熟练运用量价关系，也需要相当长的时间。

这个逐步学习和熟练运用量价关系的过程，其实是某种意义上的另一种量价关系。就是我平时常说的，没有数量，就不可能有质量。我们都想成为一个熟练的职业交易者，长期稳定地在市场中赚钱，但是这需要你有非常强的稳定性，同时也要进行足够多的交易。只有这样，你才能够对于交易纪律有所感知，并且养成遵守交易纪律的习惯，将交易框架打磨成熟，乃至于反复雕琢交易技巧，磨炼交易心态，才能一点点地形成一套自己完整的体系，最终大概率且稳定地在市场中赚钱。

我以前讲过很多次，要实现稳定交易，至少需要 1000 笔成功交易，这样才能培养出所谓的"盘感"，你的头脑里才有可能在第一时间做出合理的反应。所以，对于职业交易者来说，训练量是必不可少的。

除了训练量，我还鼓励大家多思考、多交流。投机交易本身是非常孤独的。能把这本书看完，同时还可以独立思考的人，在这个市场上一定是极少数。相应地，每个人的交易框架都有所不同，每个人的操作习惯、操作技巧乃至整个交易体系也都不一样。大家只能泛泛地去谈"心理滋养"，很难去谈具体的交易方法。同时，别人的方法可能是你的毒药，你的方法也有可能别人用来用去都是亏钱的。

所以，投机交易者中愿意分享自己的交易心得、技术心得的人比较少，他们更愿意分享一些心态上的东西。即便是分享心态上的东西，我认为也是特别值得的。至于分享一些技术上的内容，我已经做到了。整本书都是我对量价关系的心得体会。希望大家也可以分享一些技术上的手法。你的框架也许并不适合我，但你的某个观察点对我可能很有帮助。

交易这件事本身就已经足够孤独了。我们总是希望能找到一些同行者，一起在这个领域长长久久地走下去，不会越走越孤单，也不会越走越乏味。自己在这条路上走，很容易走着走着，就走了弯路，或者走着走着，走到某一个阶段就放弃了。很多时候，别人的一句话就是对自己的一个警醒。这也是我这么多年以来的一个心得。当遭受连续失败，有很多负面的情绪，这时候去分享自己的一些交易场景，说给那些真正懂的人，就能极大地缓解自己心里的这种郁闷。

在这本书的最后，我还是希望大家多学习。既然我们这本书讲的是量价关系，那我就来给大家布置一个作业。这个作业可以帮助大家加深对于量价关系的理解。我建议大家把所有技术指标分成三大类。

第一大类是趋势类，第二大类是翻转类，第三大类是情绪类。当你把这些指标都分开的时候，就不用选八九十个指标了，而是每个大类选两个指标就可以了。比如，典型趋势指标就是均线，典型翻转指标就是 DIF 背离，典型情绪指标就是涨跌个股数量比。你就把选出来的这几个技术指标研究透，然后融入自己的交易框架中。

你不要想着自己是做趋势的，所以翻转指标没有用。并不是这样的。你做趋势，翻转指标会告诉你趋势什么时候结束。这个指标至少可以为你亮红灯或者亮黄灯。这对于趋势交易非常有帮助，能让你知道绝对收益的高点可能会出现在哪个位置。所以，你一旦把这些东西融会贯通了，就会发现即便自己是一个趋势交易者，也要对翻转指标很熟悉。这反而让你的趋势交易做得更好。实际上这就是交易中的道，要去了解对手盘的想法。对于趋势交易者来说，对手盘就是翻转交易者，或者说，趋势交易者和翻转交易者互为对手盘。对对手盘越了解，对他们的交易技巧、交易手法越了解，在面对一些特定场景的时候，要不要出手、要不要拔刀，你的判断就会更加清晰。这一点跟前面讲的把单一特征推到极限，把自己的优势扩大到最大是不矛盾的。

这本书，从成交量的最基本概念入手，一点一点介绍了成交量和成交价的三种关系、量价关系在趋势交易和翻转交易中的运用，一路洋洋洒洒讲到交易原理。我希望这本书对大家有所帮助，希望大家在交易中能熟练运用量价关系，让自己的交易成功率和收益率都能有更好的表现。

小贴士

最后，再留个小作业。你可以结合自己的交易体系，来思考自己的交易体系是哪种风格、损失的是什么、从哪里得到补偿。如果你的交易体系属于趋势交易，那有没有可能把切入点再向左移动？如果你的交易体系属于翻转交易，那有没有可能把切入点再向右移动？

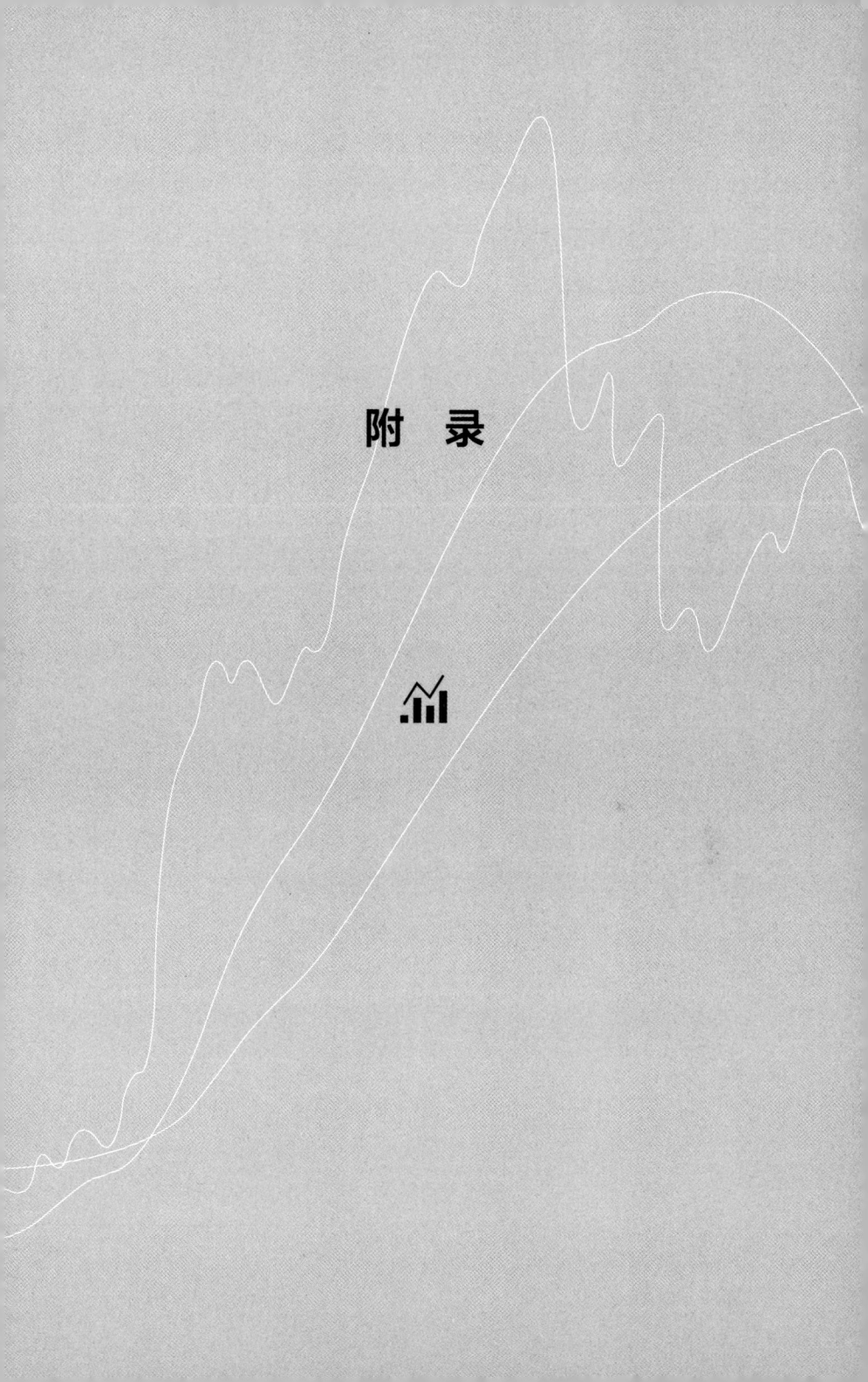

附 录

附录一
MACD和MACD背离

我们在第八章第二节提到，识别趋势是否结束，往往需要结合一些技术指标或K线顶底形态来辅助判断。我就在附录一中为大家补充讲解MACD的知识。

一、MACD

MACD的全名叫作异同移动平均线。附图1-1就是MACD。

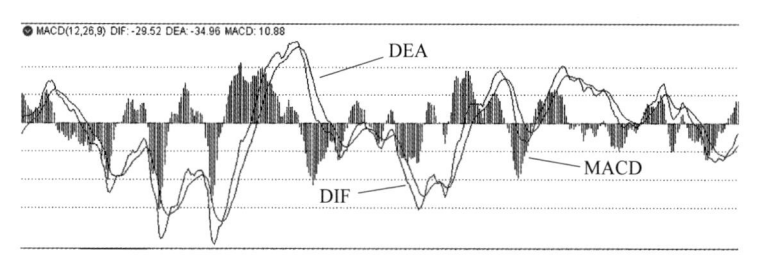

附图1-1 MACD

在附图 1-1 中，我们能看到两条曲线和一组柱线。两条曲线分别是 DIF（离差值）和 DEA（离差指数平均线），柱线也叫 MACD。

DIF 是短均线与长均线的差。关于均线，这里需要补充一下，行情软件在计算 DIF 的时候用的是 EMA（指数移动平均）。而我们平时在 K 线图上看到的均线是 MA（简单移动平均）。这两种均线在计算方法上不同。MA 计算起来很简单，计算公式如下：

$$MA = (CLOSE1 + CLOSE2 + \cdots + CLOSEn) / n$$

附图 1-2 显示的就是 MA。

附图1-2　MA示意图

相对于 MA，EMA 就要更复杂一些。EMA 公式如下：

$$EMA（n）=[EMA（n-1）\times (n-1)]/(n+1)+CLOSE\times 2/(n+1)$$

上面的公式是一个递推公式,也就是说,要计算今天的EMA,就要先计算昨天的EMA,依此类推,一直倒推到第一个收盘价的EMA,也就是初始值。一般来说,EMA的初始值会选取简单移动平均。比如,我要画一条5天的EMA均线,那么上市以来的前5天,我会计算它的简单移动平均(MA)作为初始值,然后将这个初始值代入上面的EMA公式,来递推后面的值。

附图1-3显示的是EMA。

附图1-3　EMA示意图

MA和EMA有什么区别?从计算公式上来看,EMA给当天的收盘价赋予了一个权重,这个权重是2,而MA是等权的,也就是说,参与计算的每个收盘价权重都是一样的。

这也就导致EMA对临近的价格波动更敏感,而短EMA均线的波动也就更剧烈。除此之外,两种均线并没有其他区别。如果从 K 线与均线的关系，以及均线与均线的关系这两个角度来观察，EMA 均线和 MA 均线并没有实质区别。大家也可以在自己的行情软件上设置一下，来对比两种均线的异同。

说回到 DIF。前面说到，DIF 是短均线与长均线的差，那当 DIF 大于 0 时，意味着短均线在长均线的上方，表示均线的多头排列。当 DIF 大于 0 且绝对值不断放大，意味着短均线在长均线上面，同时短均线距离长均线越来越远，这也就是均线的多头发散。反过来，当 DIF 小于 0 时，表示均线的空头排列。而当 DIF 小于 0 且绝对值不断放大，表示均线在空头发散。总结起来，DIF 表达了均线的运动状态。

接下来看 DEA 和 MACD 柱线。DEA 是对 DIF 做指 EMA。DEA 比 DIF 的反应速度更慢，更平滑。MACD 柱线是 DIF 和 DEA 的差。由于 DEA 和 MACD 柱线的灵敏度比 DIF 差，所以我们重点关注 DIF。

二、背离的含义

什么是 MACD 背离？下面我会展开来阐述。

我们观察的背离，实际上是 DIF 的背离。前面我在讲 DIF 的时候提到，DIF 是均线的差。也就是说，DIF 的顶背离实际上是价格出现新高之后，均线发散程度反而不如出新高之前。

大家不妨思考一下，价格虽然在涨，甚至在不断地出新高，但每一波上涨过程中，均线发散的程度越来越小，这意味着什么？这意味着每一波涨幅都在变小，每一波上涨的力度都在减弱。大家可以想象一下，如果连续出现多次顶背离，图形会慢慢形成圆弧顶。也就是说，DIF 顶背离，实际上是在通过均线的发散情况揭示上涨力度的衰弱。这就是所谓的"力竭"。

反过来，底背离表达的是下跌力竭，原理是一样的，这里不再赘述。

三、MACD背离的两种情形

MACD 背离分为顶背离和底背离两种情形。

我先说顶背离的情形。

我们是通过 DIF 这条曲线和价格的波动来判定顶背离的。判定顶背离，需要以下三个条件同时成立。

（1）价格出新高。

（2）DIF 没有出新高。

（3）连续两根 K 线对应的 DIF 向下运行。

只要上面的三个条件同时满足，我就可以判定顶背离成立。附图 1-4 就是典型的顶背离。

对于顶背离的判定要注意几个点。

第一，价格出新高一定是价格波动形成了两个邻近的高点，而不是形成间隔的高点。附图 1-5 就是邻近的高点，附图 1-6 就是间隔的高点。

附图1-4　顶背离

第二，我们判定背离的时候，用的是 DIF，而不是 MACD 的柱线。DIF 的反应更灵敏，可以让我们更早地识别到背离的出现。

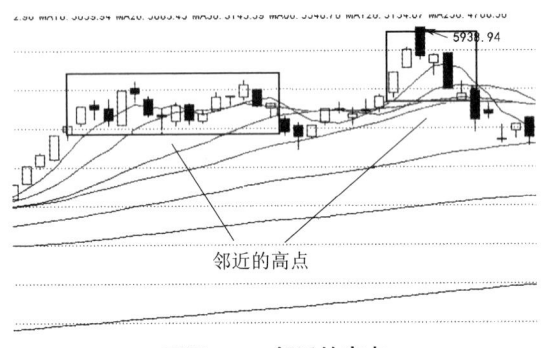

附图1-5　邻近的高点

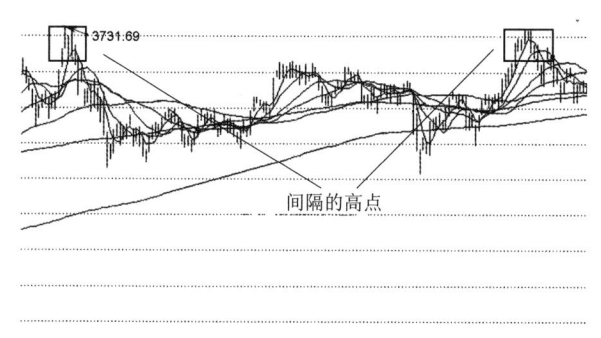

附图1-6　间隔的高点

第三，因为 DIF 的反应更为灵敏，所以我们在判定背离的时候，要求在出几个新高之后，连续两根 K 线对应的 DIF 要往下走。这样就避免了 DIF 灵敏带来的信号闪烁，从而也提高了判断的准确性。

上面讲的是顶背离，底背离与顶背离基本一致。

四、背离的有效性

第一，对于背离来说，不同周期的有效性是不同的。

越是短周期的背离，有效性越差。对于顶背离来说，越是短周期的背离，价格越有可能打破现有的背离，继续上行；而越是长周期的背离，有效性越强。如果周 K 线上出现顶背离，那价格扭头向下的概率是非常高的。

第二，只有带"冷却装置"的背离才是有意义的。什么是"冷却装置"？收盘就是一种非常有效的"冷却装置"。如果是分时图上出现顶背离，那么这种顶背离的有效性并不高。但如果顶背离出现在上午十一点二十几分，那就要非常小心，也许经过中午休市，下午就有可能要下跌了。

第三，背离在趋势运动之后才有意义。学过三周期的读者一定会发现，收敛图中经常会出现顶背离或者底背离。收敛图中出现背离是非常寻常的事情，这种背离是无效的。为什么？大家可以想一想背离的含义。顶背离的含义是涨势衰竭，底背离的含义是跌势衰竭。而收敛图是一种整理运动，价格既没有向上的趋势，也没有向下的趋势。在这种整理运动中，既谈不到涨势，也谈不到跌势，涨势或者跌势的衰竭就更加无从谈起。所以，没有趋势运动，背离就没有意义；只有在趋势运动之后，背离才会有意义。

第四，顶背离比底背离更有效。一般来说，日K线出现一次顶背离，杀伤力就已经足够强了，但底背离不同。日K线上要至少出现两次底背离，这样的底背离才像是真的。而连续多次出现底背离，图形就会慢慢发展成圆弧底。为什么会有这样的现象？因为贪婪往往积累起来比较慢，而恐惧释放的速度会非常快。我们观察K线，也会发现这样的现象：价格在涨的时候，往往是一波一波慢慢涨；而在跌的时候，尤其是下跌的早期，往往是快速下跌。

附录二
KD

本书正文部分中,我在讲解翻转交易时提到过,大家做切入的时候,可以找一些技术指标来做辅助。KD 就是一个可以用来辅助翻转交易的指标。下面我就来简单介绍一下 KD,供大家参考。

一、KD

KD 的全称叫作随机指标。我们先来直观地认识一下 KD,附图 2-1 显示的就是 KD。

KD 是一种翻转指标,包含 K 和 D 两个指标。我先把 KD 的计算公式列出来,再来讲解 KD 的计算过程。

RSV=[CLOSE-LLV(LOW,n)]/[HHV(HIGH,n)-LLV(LOW,n)]×100

K=SMA(RSV,M1,1)

D=SMA(K,M2,1)

附图2-1　KD示意图

通过计算公式，我们能看出来，K 和 D 都是通过一个叫作 RSV 的参数进行计算的。我们先来看看 RSV 是什么。

RSV 由分子和分母两部分组成。分子是用当天的收盘价减去 n 天以内最小的最低价，表达的是当天的收盘价相比于 n 天中的最低价涨了多少。分母是用 n 天以内最大的最高价减去最小的最低价，表达的是 n 天以内，价格波动中最大的振幅。用分子除以分母，得出的结果就是今天相比于 n 天以内最低价的涨幅占 n 天以来价格波动最大振幅的比例。行情软件中默认 n 的取值是 9 天。

我们可以想象一下 RSV 的值与价格波动的关系。

如果价格是加速上涨的，阳线越来越长，那么收盘价上涨的速度就比连续 9 天以来的最低价中的最小值上升速度快，从而分子就会变大。分母也是同样的情形，因为是加速上涨的，所以连续9天以来的最高价中的最大值会比最低价中的最小值上升速度快，从而分母也会变大。如果在价格加速上涨过程中，K线是光头阳线，那么当天的收盘价就恰好等于9天以来最高价中的最大值，也就是说，分子和分母恰好相等，RSV的值也就恰好等于100。但如果当天有上影线，收盘价就会小于9天以来最高价中的最大值，那么RSV的值也就会小于100。

如果价格是加速下跌的，阴线越来越长，那么9天以内最低价的最小值就会迅速变小，同时收盘价也会迅速变小。而因为是加速下跌的，所以9天以内最高价的最大值变小的速度要小于9天以内最低价的最小值变小的速度。也就是说，在加速下跌的过程中，分母是逐渐变大的，而分子是逐渐变小的，那么RSV的值就是逐渐变小的。如果K线是光脚阴线，那么收盘价恰好等于9天以内最低价的最小值，从而分子等于0，RSV的值也就等于0。

也就是说，RSV的值会在0~100之间来回震荡。如果价格长时间维持加速上涨，那么RSV的值就会维持在100；如果价格长时间维持这种加速下跌，那么RSV的值就会维持在0。当然，树不能长到天上去，价格也不能无限上涨，或者无限下跌。我们观察K线图就会发现，不管是趋势上涨还是趋势下跌，价格总是涨一涨、停一停，调整一下再继续上涨，或者跌一跌、停一停，调整一下再下跌。

RSV 正是通过计算当天相比于 n 天以内最低价的涨幅占 n 天以来价格波动最大振幅的比例，来描述这种涨一涨、调一调或者跌一跌、调一调的节奏。当 RSV 的值逐渐放大，直至冲向 100 的时候，RSV 就是在表达价格的涨幅正在逐渐放大，并且正在逐步走向极端。同样，当 RSV 的值逐渐缩小，直至冲向 0 的时候，RSV 就是在揭示价格逐渐下跌，并且逐渐走向极端。所以，RSV 所揭示的实际上是价格波动的极端程度。

如果价格波动没有形成趋势，而是形成区间震荡，那么 RSV 的值仍然会在 0~100 之间波动；如果区间比较宽，RSV 的值仍然有可能达到 100 或者达到 0。这时候价格并没有出现比较极端的波动，从而在震荡区间中，RSV 是失效的。

附图 2-2 就是 RSV 的图形。

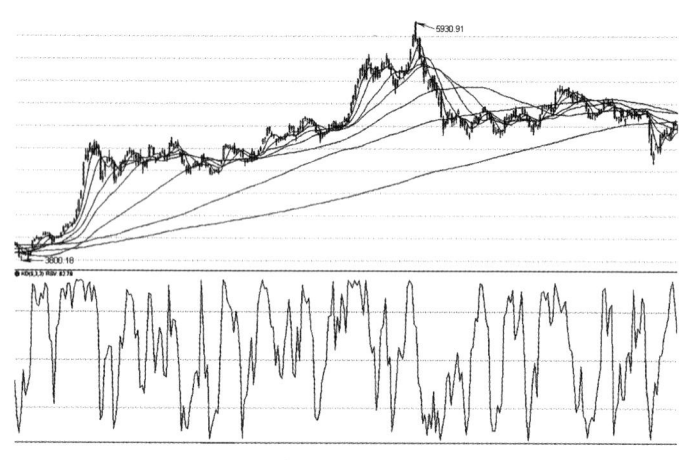

附图2-2　RSV

从附图 2-2 也能看出来，RSV 的波动是非常剧烈的，震荡频率非常高。但我们仔细观察 RSV 和价格波动的情况就会发现，很多时候虽然 RSV 的值已经达到了 100，但价格波动并没有出现理想的翻转。这就意味着，RSV 会提供很多假信号。为了避免这种情况，我们需要对 RSV 进行平滑。平滑的方式非常简单，就是对 RSV 进行移动平均。

KD 计算公式中的 K，就是对 RSV 进行移动平均。移动平均的方式是 SMA，SMA 的全称叫作扩展指数加权移动平均。限于篇幅，这里不再详细讲解 SMA 的计算公式，感兴趣的读者可以自行研究一下。

我们接着来看 K 的计算公式：

$$K=SMA(RSV, M1, 1)$$

其中，RSV 就是做平滑处理的参数，M1 是计算移动平均的周期数，一般行情软件默认是 3 天，而最后的 1 是权重。这里权重是常数也就意味着，在计算 SMA 的时候是等权的，而且权重为 1，也就是说，上面的公式在计算 K 的时候，并没有赋予权重。

经过平滑后的 RSV，也就是 K，就变成了附图 2-3 的样子。

从附图 2-3 可以看出来，K 的震荡频率比 RSV 低了很多，图形也平滑了很多，这样一来，假信号也少很多。这里要注意，经过移动平均之后，虽然 K 变得更平滑，但是 K 的波动速度变慢了，灵敏度也变差了。灵敏度与平滑程度是相互矛盾的：越灵敏，变化速度就越快，对价格波动的反应也越快，

附图2-3　K示意图

但假信号也就越多；反过来，越平滑，变化速度就越慢，对价格波动的反应也越慢，假信号也就越少。所以，要通过移动平均的方式进行平滑，就要选取合适的周期，这样才能获得比较理想的效果。

接下来，我们再看一看 D 的计算过程。D 的计算公式如下：

$$D=SMA(K，M2，1)$$

从 D 的计算公式看得出，D 是对 K 进行扩展指数移动平均的结果，也就是说，D 是对 K 再进行一次平滑。其中，M2 是移动平均的周期，行情软件中一般默认是 3 天，而后面的 1 是权重。前面已经讲过，权重取常数 1 意味着等权，即没有赋予任何权重。

D 的波动比 K 更为平滑，变化速度比 K 更慢，灵敏度比 K 也更低；同时，D 的假信号比 K 更少。附图 2-4 是 D 的图形。

附图2-4　D示意图

二、KD的钝化

在学习前面讲解的 KD 计算过程时，大家可能会发现，虽然 KD 可以揭示价格波动的极端程度，但当价格波动出现非常极端的快速上涨时，KD 的值就会维持在高位（80 以上），当价格转而下跌的时候，KD 的值仍然会在 80 以上维持一段时间，之后才会转而变小，这种现象称为高位钝化。而当价格波动出现非常极端的快速下跌时，KD 的值就会维持在低位（20 以下），当价格转而上涨的时候，KD 的值仍然会在 20 以下维持一段时间，之后才会转而变大，这种现象称为低位钝化。附图 2-5 是 KD 高位钝化的情形，附图 2-6 是 KD 低位钝化的情形。

KD 之所以会出现这种钝化的现象，主要是因 KD 在计算的过程中采用了移动平均。所以，钝化是平滑的代价。我们去观察 RSV，就会发现钝化的现象很少发生。出现钝化现象，KD

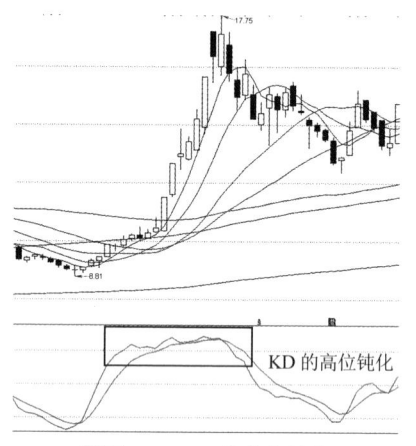

附图2-5　KD的高位钝化

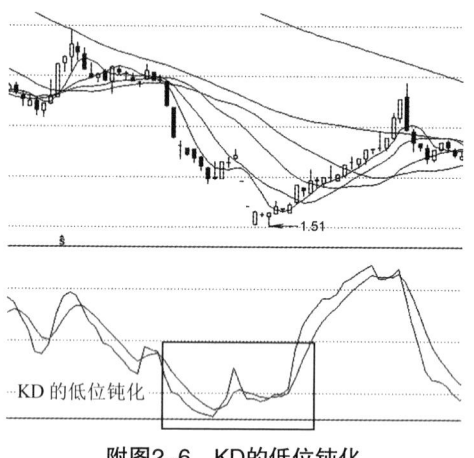

附图2-6　KD的低位钝化

也就失去了作用。同时，由于KD是通过移动平均进行计算的，钝化现象维持一段时间之后也会自行消失。

附录三
典型图形收录

本附录收录了一些常见典型图形,这些图形包括顶底图形、收敛图、二踩图等,供大家在学习和练习过程中参考。大家在观察这些图形的时候,要重点关注量价关系。

一、顶部图形

(一)圆弧顶

附图3-1　圆弧顶1

附图3-2　圆弧顶2

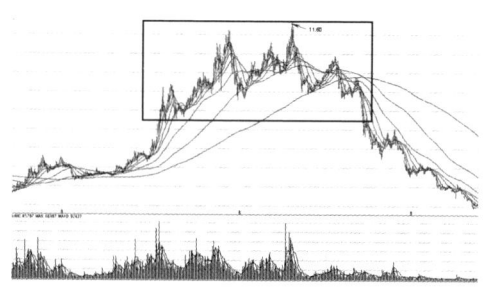

附图3-3　圆弧顶3

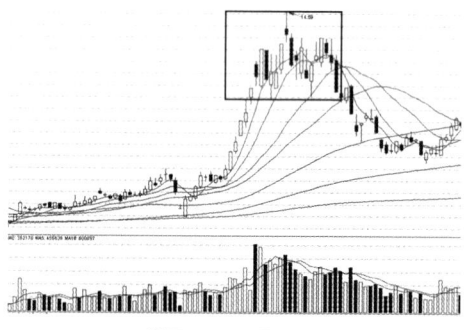

附图3-4　圆弧顶4

(二)双顶(M头)

附图3-5 双顶1

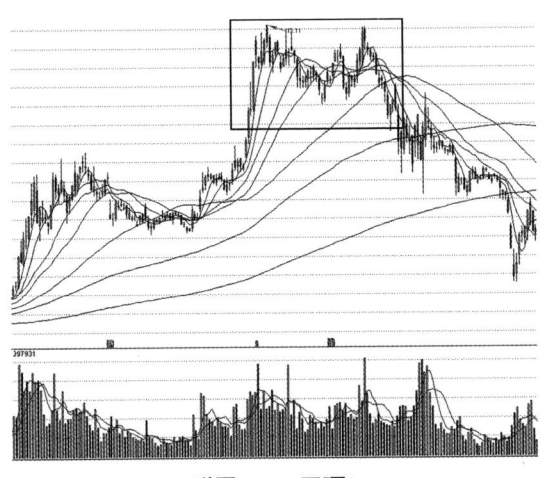

附图3-6 双顶2

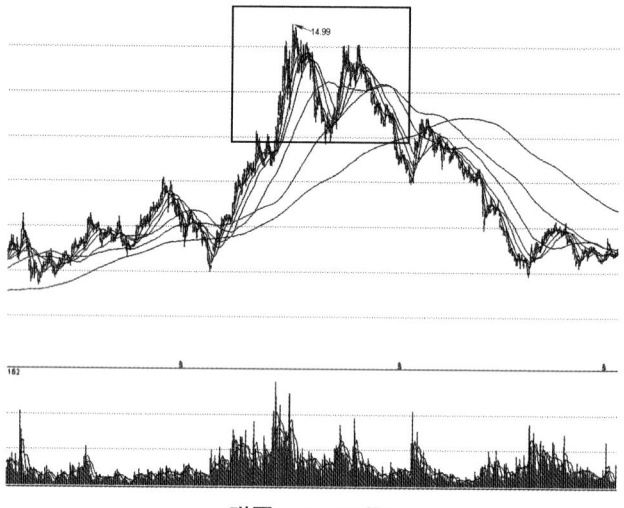

附图3-7 双顶3

附图3-8 双顶4

(三) 头肩顶

附图3-9　头肩顶1

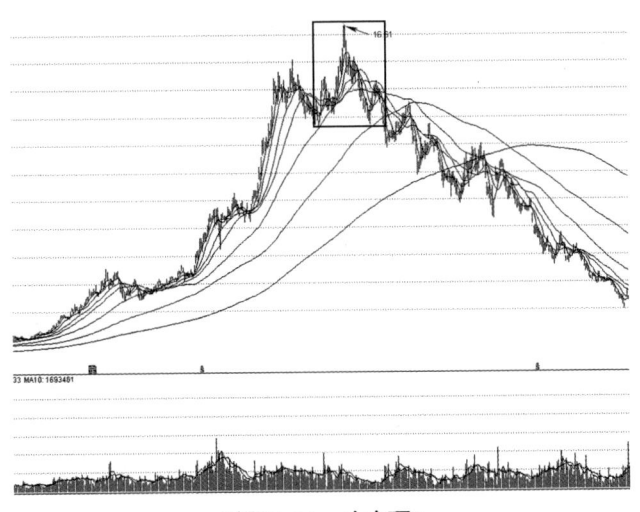

附图3-10　头肩顶2

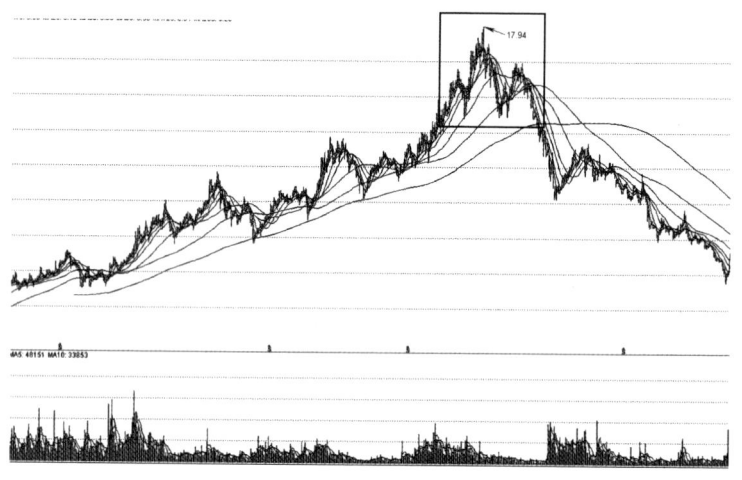

附图3-11 头肩顶3

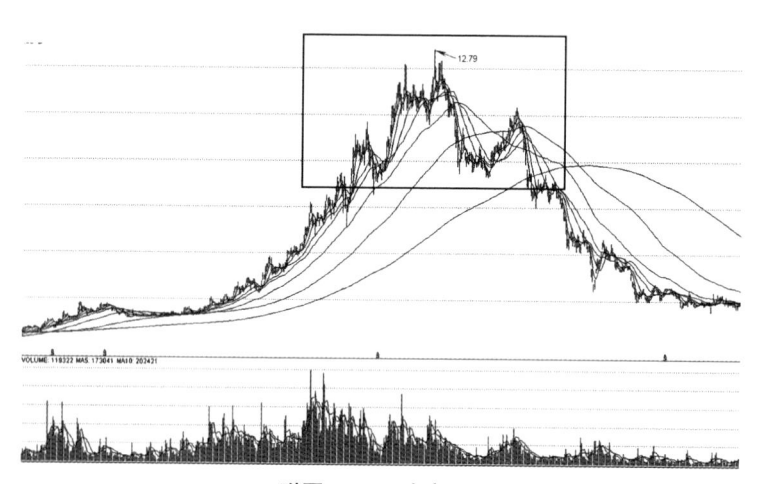

附图3-12 头肩顶4

（四）尖顶

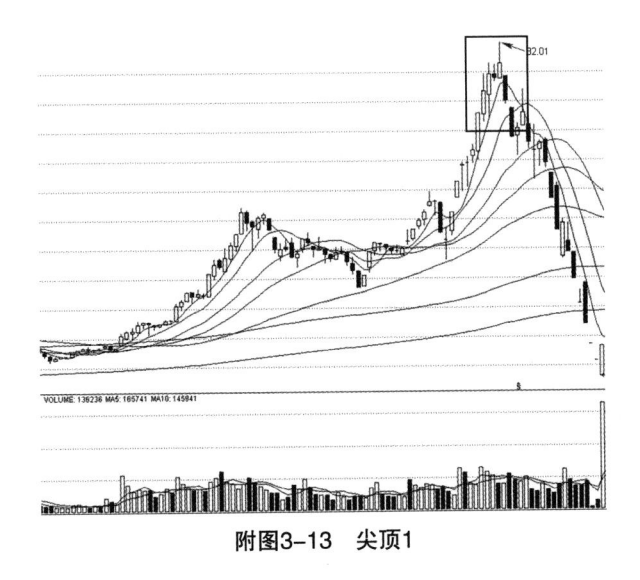

附图3-13　尖顶1

附图3-14　尖顶2

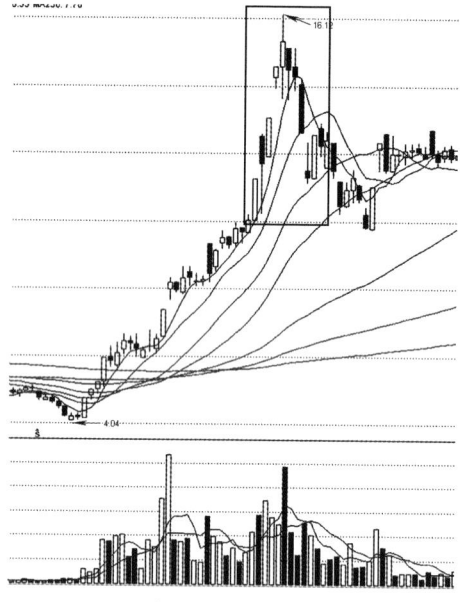

附图3-15 尖顶3

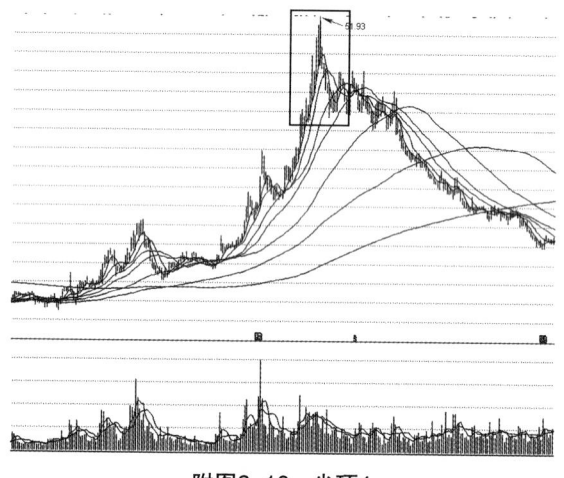

附图3-16 尖顶4

二、底部图形

（一）双底（W底）

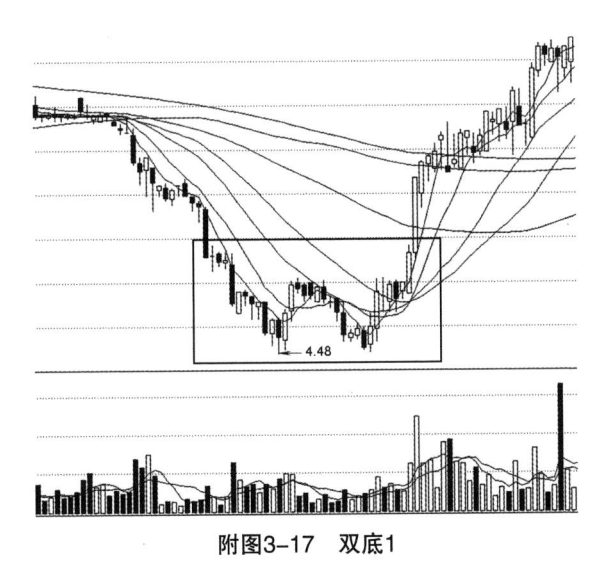

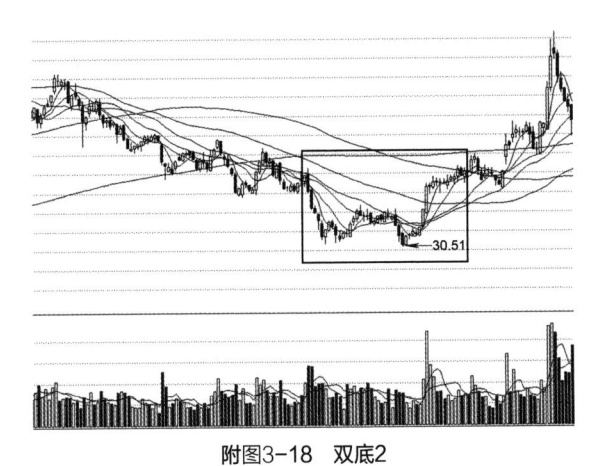

附图3-17　双底1

附图3-18　双底2

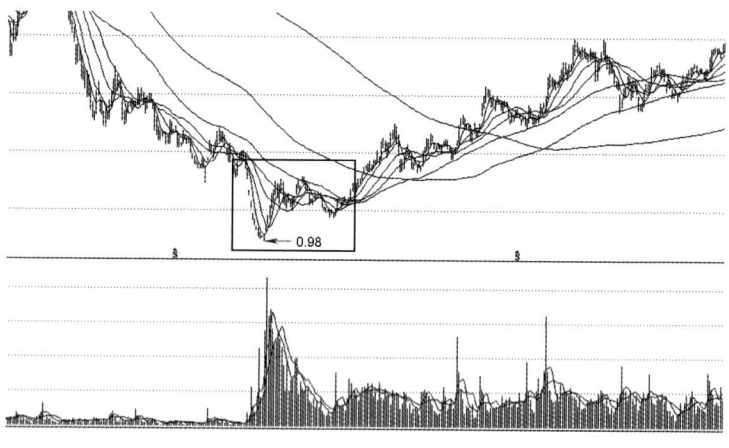

附图3-19 双底3

附图3-20 双底4

(二）头肩底

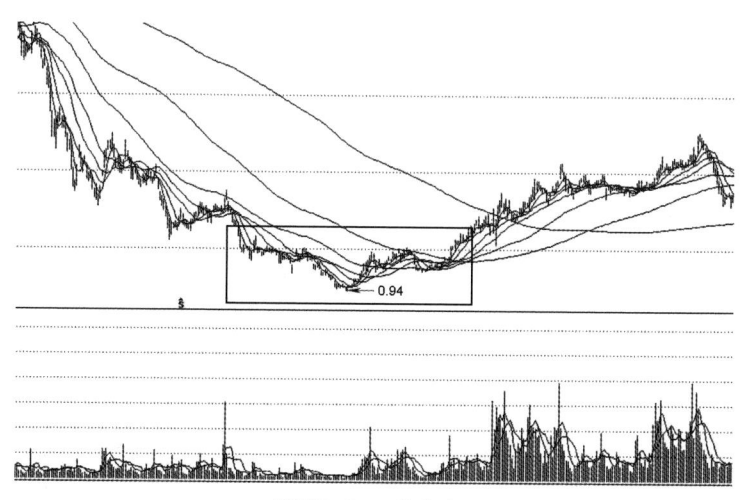

附图3-21 头肩底1

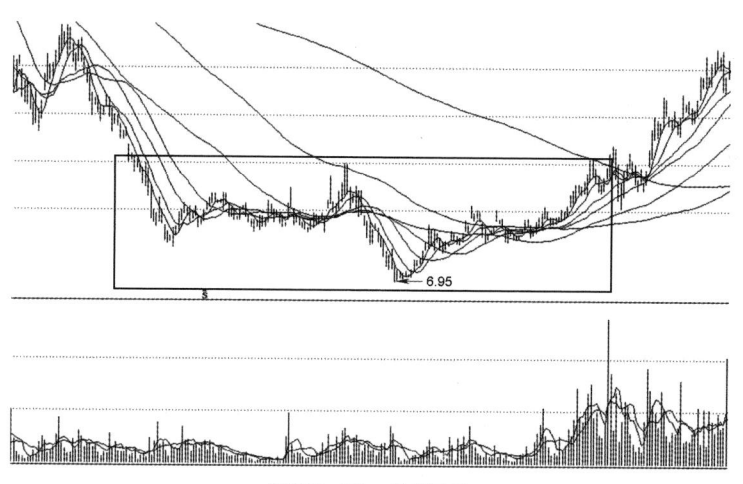

附图3-22 头肩底2

附图3-23 头肩底3

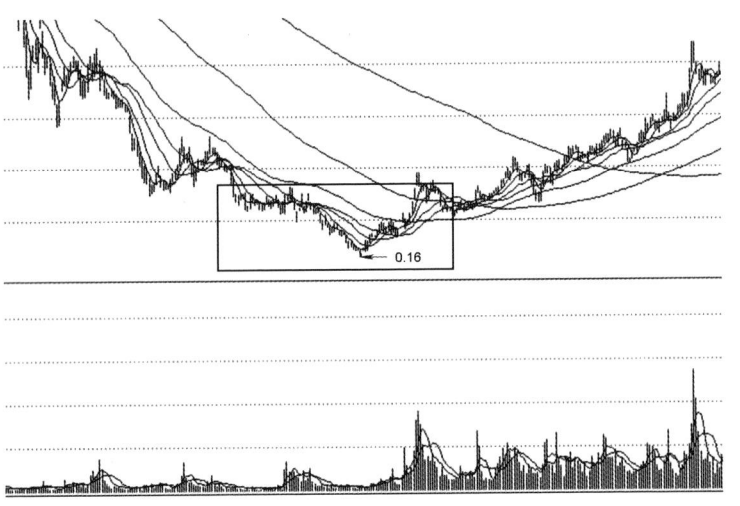

附图3-24 头肩底4

（三）圆弧底

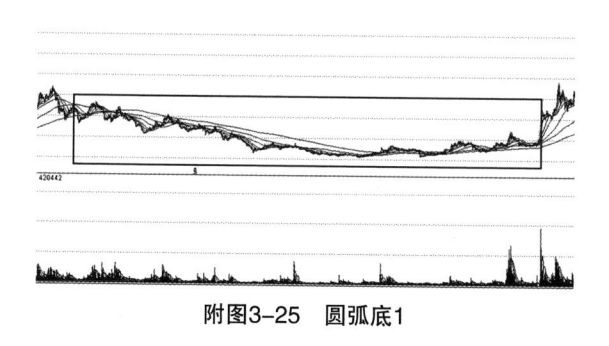

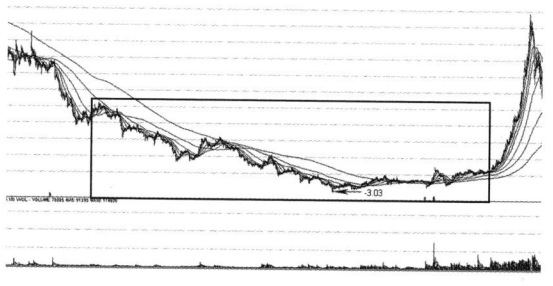

附图3-25　圆弧底1

附图3-26　圆弧底2

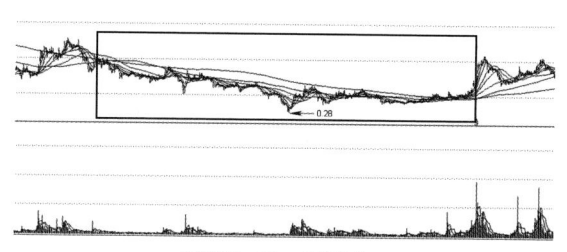

附图3-27　圆弧底3

附图3-28　圆弧底4

(四)震荡箱体

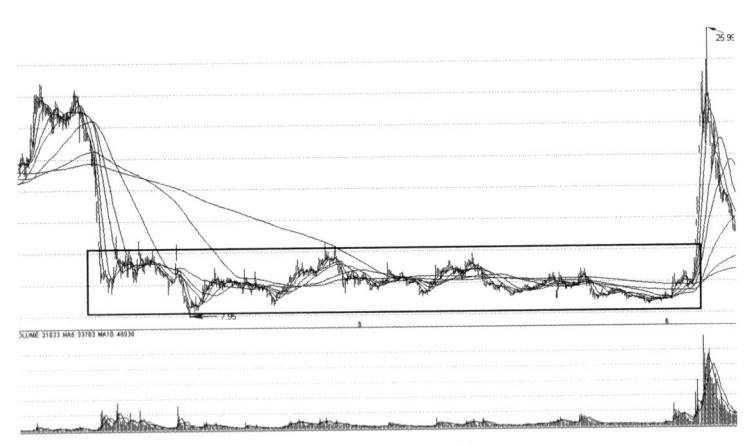

附图3-29　震荡箱体1

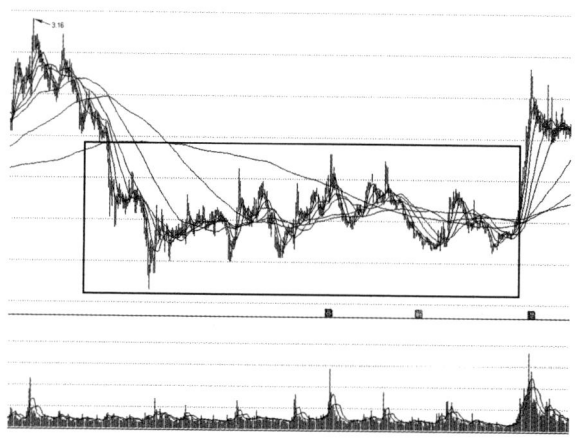

附图3-30 震荡箱体2

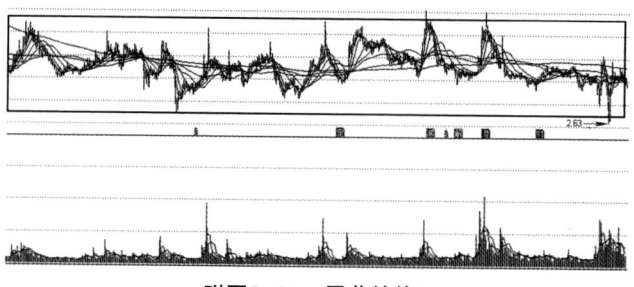

附图3-31 震荡箱体3

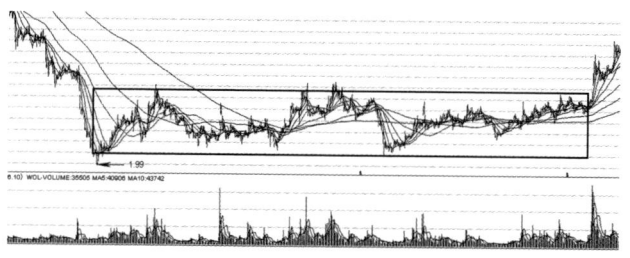

附图3-32 震荡箱体4

附 录

(五)尖底(V形翻转)

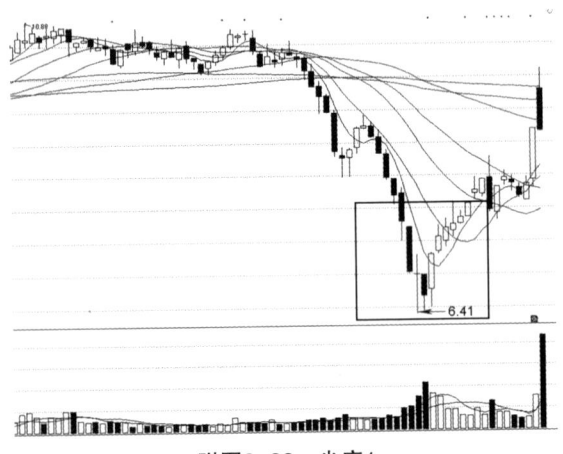

附图3-33 尖底1

附图3-34 尖底2

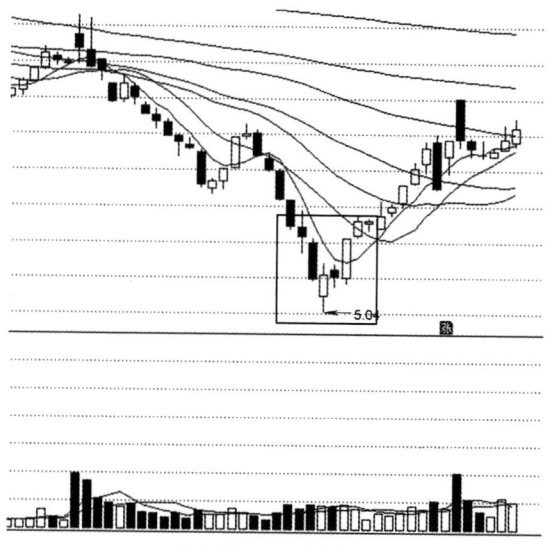

附图3-35 尖底3

附图3-36 尖底4

三、收敛图

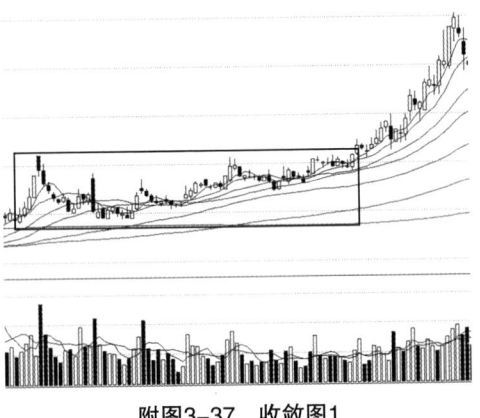

附图3-37　收敛图1

附图3-38　收敛图2

附图3-39 收敛图3

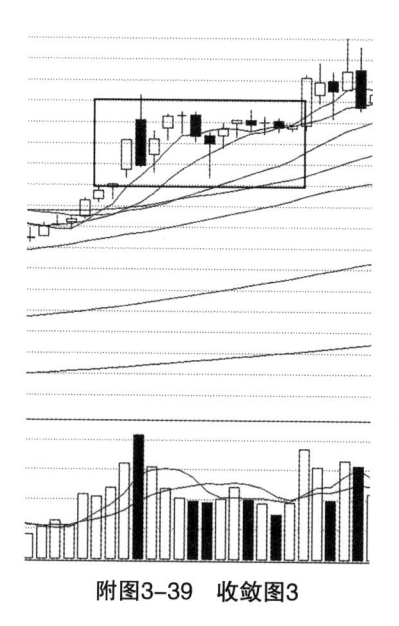

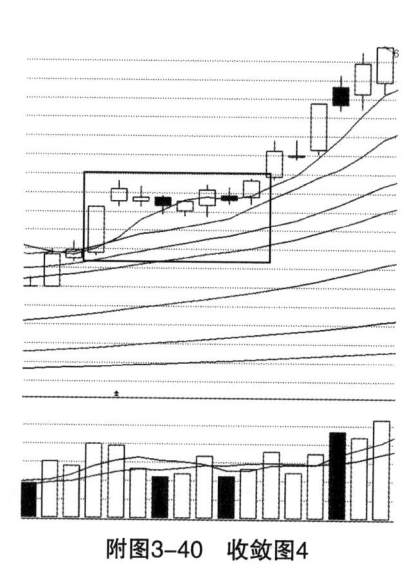

附图3-40 收敛图4

四、二踩图

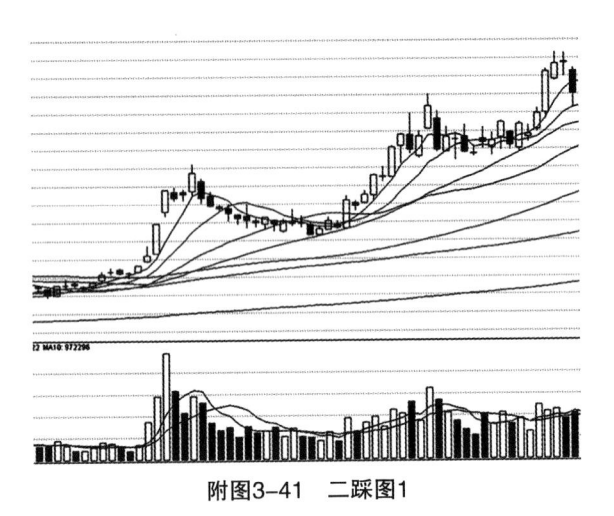

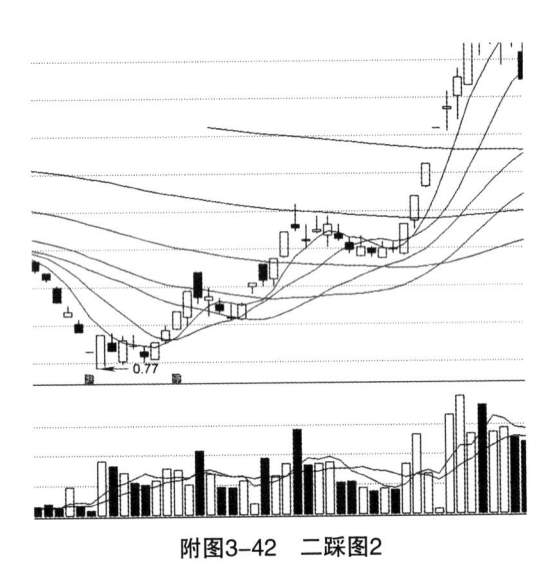

附图3-41　二踩图1

附图3-42　二踩图2

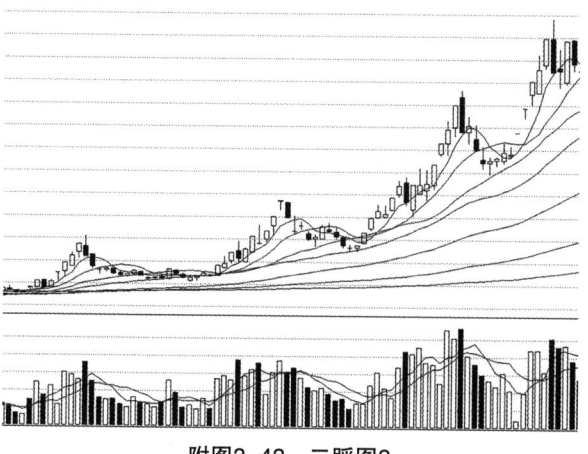

附图3-43 二踩图3

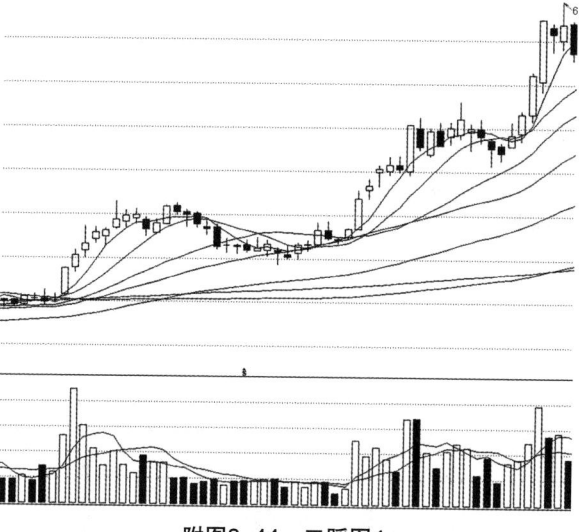

附图3-44 二踩图4

附录四
技术指标分类目录

在本书的正文部分，我提到过，研究技术指标最基本的方法就是分类。在每一类中选取一两个指标进行组合，从而形成适合自己的指标系统。接下来，我就为大家提供一个分类目录，供大家研究学习参考。

一、分类方法

技术指标分类只包含一级分类，包含三个类别，分别是趋势类、翻转类和情绪类。

趋势类技术指标，主要是通过描述价格波动的延续情况，来揭示趋势延续过程的技术指标。翻转类技术指标，主要是通过描述价格波动或成交量变化的极端程度，来揭示翻转时机的技术指标。情绪类技术指标主要是揭示市场情绪变化的技术指标。

二、分类目录

表附 3-1　技术指标分类目录

序号	技术指标名称	技术指标代码
趋　势　类		
1	移动平均线	MA
2	成本均线	CYC
3	多空指标	BBI
4	指数移动平均线	EXPMA
5	动量线	MTM
6	心理线	PSY
7	威力雷达	RAD
8	变动率指标	ROC
9	异同移动平均线	MACD
10	多空线	DKX
11	平均差	DMA
12	趋向指标	DMI
13	区间震荡线	DPO
14	变动速率线	OSC
15	正成交量	PVI
16	负成交量	NVI
17	简易波动指标	EMV
翻　转　类		
18	乖离率	BIAS
19	动态买卖气指标	ADTM
20	平均真实波幅	ATR
21	带状能量线	CR
22	随机指标	KD/KDJ

(续表)

序号	技术指标名称	技术指标代码
翻 转 类		
23	慢速随机指标	SKDJ
24	威廉指标	LWR
25	梅斯线	MASS
26	相对强弱指标	RSI
27	抛物转向指标	SAR
28	布林带	BOLL
29	轨道线	ENE
30	麦克支撑压力	MIKE
31	薛斯通道	XS
32	资金流量指标	MFI
33	承接因子	CYD
34	市场能量	CYF
35	市场强弱	CYR
36	市场盈亏	CYS
37	威廉变异离散量	WVAD
38	累积能量线	OBV
情 绪 类		
39	成交数量	VOL
40	成交金额	AMOUNT
41	量平滑异同平均	VMACD
42	腾落指标	ADL
43	涨跌比率	ADR
44	大盘同步	DPTB